Frauen und Budd

Frauen, Forschung und Wirtschaft

Herausgegeben von
Regine Bendl, Karin Heitzmann und Angelika Schmidt

im Namen der
AG Frauen in Forschung und Lehre
an der Wirtschaftsuniversität
Wien

Band 15

PETER LANG
Frankfurt am Main · Berlin · Bern · Bruxelles · New York · Oxford · Wien

Luise Gubitzer
Birgit Trukeschitz
(Hrsg.)

Frauen und Budget

PETER LANG
Europäischer Verlag der Wissenschaften

Bibliografische Information Der Deutschen Bibliothek
Die Deutsche Bibliothek verzeichnet diese Publikation in der Deutschen Nationalbibliografie; detaillierte bibliografische Daten sind im Internet über <http://dnb.ddb.de> abrufbar.

Gedruckt mit Unterstützung des Bundesministeriums
für Bildung, Wissenschaft und Kultur in Wien.

ISSN 1433-4658
ISBN 3-631-51290-2

www.peterlang.de

Vorwort

Bund, Länder und Gemeinden beeinflussen über ihre Budgets die Lebenssituation der Menschen. Frauen und Männer sind häufig sehr unterschiedlich von den Wirkungen der Ausgaben und Einnahmen öffentlicher Haushalte betroffen. Diese Ungleichheiten werden aber nur selten in öffentlichen Diskussionen über Budgets zum Thema gemacht.

Die 22. Frauenringvorlesung am 7. und 8. Juni 2002 an der Wirtschaftsuniversität Wien hat dieses Informations- und Diskussionsdefizit aufgegriffen. Im Mittelpunkt der Veranstaltung standen die Bestandsaufnahme und der Austausch über Prozesse, die es ermöglichen, Geschlechterverhältnisse in die Diskussion öffentlicher Budgets zu integrieren („Engendering Budgets"). Mit dem Tagungsthema „Frauen und Budget" wurden aus der Perspektive unterschiedlicher Disziplinen Zugänge zu „Engendering Budgets" vorgestellt. Dieser Sammelband enthält die schriftlichen Fassungen der Vorträge der Autorinnen, die in der 22. Frauenringvorlesung präsentiert wurden.

Die Frauenringvorlesung an der Wirtschaftsuniversität Wien ist eine öffentlich zugängliche Fachtagung mit wechselnden Themen, die von und mit Expertinnen aus dem Bereich der Sozial- und Wirtschaftswissenschaften gestaltet und von der „Arbeitsgemeinschaft Frauen in Forschung und Lehre an der WU" veranstaltet wird. Im Juni 2002 wurde „Frauen und Budget" zum Forum für Wissenschaftlerinnen und Praktikerinnen aus den Bereichen Ökonomie, Finanzwissenschaft, Politikwissenschaft, Rechtswissenschaft sowie Frauenforschung und Frauenpolitik, in dem über Genderaspekte der Gestaltung und Wirkung öffentlicher Ausgaben und Einnahmen informiert und diskutiert wurde.

Parallel zur Frauenringvorlesung hatten Studierende des zweiten Studienabschnittes in dem im Sommersemester 2002 an der Wirtschaftsuniversität Wien abgehaltenen Seminar „Frauen und Budget" die Möglichkeit, sich mit dieser Thematik auseinanderzusetzen und im Rahmen der Frauenringvorlesung mit den Expertinnen ins Gespräch zu kommen.

Die einzelnen Beiträge dieses Sammelbandes enthalten die Meinung der jeweiligen Autorin(nen). Die Herausgeberinnen danken allen Autorinnen für ihre Referate, die rege Teilnahme an den Diskussionen und das Verfassen der Beiträge. Besonderer Dank geht an Frau Mag.[a] Brigitte Parnigoni für die große Unterstützung bei der Organisation der Veranstaltung und an Frau DSA Sabine Haslinger für das sehr sorgfältige und umsichtige Layoutieren der Beiträge dieses Sammelbandes.

Wir danken dem Bundesministerium für Bildung, Wissenschaft und Kultur für die finanzielle Unterstützung der Publikation, sowie folgenden Sponsoren, die die 22. Frauenringvorlesung durch ihre finanziellen Beiträge möglich gemacht haben: MA 57 – Frauenbüro der Stadt Wien, Creditanstalt, Wirtschaftsuniversität Wien, Österreichische Hochschülerschaft an der Wirtschaftsuniversität Wien, Bundesministerium für soziale Sicherheit und Generationen, Personalvertretung der Stadt Wien.

Wien, im Mai 2004

Luise Gubitzer
Birgit Trukeschitz

Inhalt

Abkürzungsverzeichnis

3-vH	drei von Hundert (3 %)
AK	Arbeiterkammer
ATS	österreichische Schilling
BASS	Büro für arbeits- und sozialpolitische Studien
Besch.	Beschäftigte
BIP	Bruttoinlandsprodukt
BMF	Bundesministerium für Finanzen
BVA	Bundesvoranschlag
BWS	Bruttowertschöpfung
CAD	Kanadische Dollar
d.h.	das heißt
EAFGL	Europäischer Ausrichtungs- und Garantiefonds für die Landwirtschaft
EG	Europäische Gemeinschaft
EGV	EG-Vertrag
ESF	Europäischer Sozialfonds
EFRE	Europäischer Fonds für regionale Entwicklung
et al.	und andere
etc.	et cetera
EUR	Euro
ESZB	Europäisches System der Zentralbanken
EU	Europäische Union
EZB	Europäische Zentralbank
FemAct	Feminist Activism Coalition
ff.	und die folgenden
FPÖ	Freiheitliche Partei Österreichs
GBI	Gender Budget Initiative

GM	Gender Mainstreaming
i.w.S.	im weiteren Sinn
k.A.	keine Angaben
m.E.	meines Erachtens
MD	Managing Diversity
NGO	Non Governmental Organisation
OECD	Organisation for Economic Cooperation and Development
OeNB	Österreichische Nationalbank
ÖNACE	europäische Wirtschaftstätigkeitenklassifikation
OSW	Office of the Status of Women
ÖVP	Österreichische Volkspartei
SPÖ	Sozialdemokratische Partei Österreichs
SV-Träger	Sozialversicherungsträger
SWP	Stabilitäts- und Wachstumspakt
TGNP	Tanzania Gender Networking Programme
TSER	Targeted Socio-Economic Research
u.	und
UNO	United Nations Organisations
USA	United States of America
vgl.	vergleiche
WB	Women's Budget
WBG	Women's Budget Group
WBI	Women's Budget Initiative
WILPF	Women's International League for Peace and Freedom
WWU	Wirtschafts- und Währungsunion
z.B.	zum Beispiel
zit.	zitiert

Einleitung

Luise Gubitzer

In Zeiten der Nulldefizitpolitik und Sparprogramme rückt das Budget ins Zentrum der öffentlichen Debatte und des öffentlichen Interesses. Für Frauen ist dabei besonders interessant, ob die geplanten oder gesetzten budgetären Maßnahmen zu Lasten bzw. zu Gunsten von Frauen gehen. Verlieren Frauen dadurch ihren Arbeitsplatz? Wird ihre Erwerbsarbeit in eine geringer bezahlte und mangelhaft sozial abgesicherte umgewandelt? Erhöht sich die unbezahlte Arbeit von Frauen, wenn z.B. weniger Kindergartenplätze und Pflegepersonal zur Verfügung stehen? Führt die Einführung von Stipendien zu einem Rückgang bei Studentinnen? Führen Einsparungen bzw. die Privatisierung von Teilen des öffentlichen Verkehrs zu Fahrpreiserhöhungen und damit zu finanziellen Einbußen bei Frauen, die stärker auf den öffentlichen Verkehr angewiesen sind? Kommt es durch die regressive Wirkung der Mehrwertsteuer, zu einer höheren steuerlichen Belastung von Frauen und durch eine Senkung der Kapitalertragssteuer zu einer Bevorzugung von Männern?

Solche Fragen zu stellen und zu beantworten ist mit Gender Budgeting beabsichtigt. Um das zu können, ist ein aufwendiges analytisches Instrumentarium, sind spezifische Statistiken und theoretische Grundlagen notwendig. Gender Budgeting bedeutet die Einbeziehung der Gender-Perspektive in die Wirtschafts- und Budgetpolitik. Mit Engendering Budgets-Analysen wird untersucht, ob und inwiefern Ausgaben- und Einnahmenpolitik die Lebenssituation von Frauen und Männern beeinflusst und ob Budgets der tatsächlichen Gleichstellung von Frauen und Männern dienen. Engendering Budgets ist ein Instrument zur Konkretisierung von Frauenpolitik und der Thematisierung wirtschaftspolitischer Zukunftsfragen.

Die Arbeiten zu Engendering Budgets stehen noch relativ am Anfang und für Wissenschafterinnen insbesondere Ökonominnen ergeben sich interessante Forschungsfragen. Einigen davon sind wir in der 22. Frauenringvorlesung der Wirtschaftsuniversität Wien im Juni 2002 nachgegangen. Die Beiträge mit den eingearbeiteten Diskussionen werden in diesem Band veröffentlicht. Die ersten drei Beiträge behandeln theoretische Grundlagen zu Engendering Budgets. Darauf folgen zwei Beiträge die sich mit dem Rahmen beschäftigen, den innerhalb der EU der Wachstums- und Stabilitätspakt und die monetaristische Orientierung der Europäischen Zentralbank für Engendering Budgets abgeben. Zwei Engendering Budget Analysen für ausgewählte Budgetbereiche des österreichischen Bundesbudgets zeigen, wie es gehen könnte.

Zu den Beiträgen im Einzelnen:

Die Schweizer Ökonomin und Pionierin von Engendering Budgets im deutschen Sprachraum **Mascha Madörin** erarbeitet theoretische Grundlagen. In ihrem Beitrag *„Engendering Budgets – Eine Herausforderung für ÖkonomInnen“* beschäftigt sie sich damit, warum das Thema „geschlechtsspezifische Budgetanalyse“ global „in der Luft liegt“. Sie macht deutlich, warum es gerade jetzt wichtig ist, mit Engendering Budgets Geschlechterverhältnisse in der Budget- und Wirtschaftspolitik zum Thema zu machen und die Verbesserung des sozioökonomischen Status der Frauen mit diesem Instrument zu betreiben. Die Staatsausgaben haben mit Staatsquoten bis zu 40 % enorme volkswirtschaftliche Bedeutung und sind ein mächtiges Steuerungsmittel gesellschaftlicher und damit auch frauenpolitischer Ziele.

In einer Zeit, in der die Politik auf eine Konsolidierung der Haushalte ausgerichtet ist, ist die Prioritätensetzung bei Ausgaben wie bei Einsparungen und Einnahmen für Frauen und Mädchen von großer Wichtigkeit. Die Debatte, der Streit darüber, ist im Gange. Mit theoretischen Grundlagen zu Engendering Budgets bringen Frauen relevante Aspekte in die Budgetdebatte ein. Von zentraler Relevanz ist dabei das Sichtbarmachen des Zusammenhangs zwischen Staatshaushalt und unbezahlter

Arbeit von Frauen. Insbesondere Sparprogramme verursachen mehr Gratisarbeit von Frauen und setzen auch auf diese. Mascha Madörin bringt dazu theoretische und empirische Details.

Die Ökonomin **Elisabeth Klatzer** gibt in ihrem Beitrag *„Einflussnehmen auf die Budgetpolitik. Internationale Initiativen und Erfahrungen mit Engendering Budgets“* einen sehr guten Einblick was sich global tut. Sie berichtet über Initiativen rund um den Globus, wo sie begannen, wer die Initiative ergriff und was angestrebt wird. Sie greift die australische, südafrikanische, tansanische, britische und kanadische Initiative heraus und zeigt so die Vielfalt an AkteurInnen, Entstehungszusammenhängen und politischem Umfeld.

Obwohl die Zielsetzungen der Initiativen zu geschlechtergerechter Budgetpolitik vom jeweiligen genderspezifischen Kontext abhängen, hat Elisabeth Klatzer folgende drei Gemeinsamkeiten herausgearbeitet:

- Es soll Aufmerksamkeit und Wissen bzgl. genderspezifischer Wirkungen von Budgets und Budgetpolitik geschaffen werden.
- Regierung, Verwaltung, Öffentlichkeit sollen informiert und sensibilisiert werden wie Budgetpolitik auf Frauen wirkt.
- Um die sozioökonomische Situation von Frauen zu verbessern, soll die Verteilung öffentlicher Ressourcen zugunsten der Frauen verändert werden.

Wie dies konkretisiert und realisiert wird, welche methodischen Zugänge die oben genannten Initiativen wählten, welche Erfahrungen sie machten, welche Rolle Frauen-NGOs und Frauen-Netzwerke einnehmen und was WissenschafterInnen beitragen können, wird analysiert und ausgeführt.

Die Politologin und Ökonomin **Gabriele Michalitsch** betitelt ihren Beitrag mit *„L'état c'est lui. Budget-Entwürfe feministischer Theorien“*. Mit diesem Titel weist sie bereits darauf hin, dass Staat, Budget und Männlichkeit eng verbunden sind, dass historisch der Staat eine von Männern für

Männer geschaffene – männerbündische – Institution ist, in der sich Männer zu ihrer Machtentfaltung und Machterhaltung Budgets geschaffen haben. Lange war der Status des Staatsbürgers an die Steuerleistung gekoppelt und damit rechtliche, politische und ökonomische Privilegien von Männern abgesichert. Das Budget wird daher von Gabriele Michalitsch „als Vermittlungsinstanz zwischen männlichen Wirtschafssubjekten und maskulinen Institutionen" interpretiert.

Die Frage ist nun, ob es Frauen mit Engendering Budgets gelingen kann aus dem Budget ein geschlechtsneutrales Instrument zu machen. Gabriele Michalitsch ist skeptisch. Unter Heranziehung feministischer Ansätze: gender-theoretischer, differenztheoretischer und konstruktivistischer, skizziert sie Perspektiven auf Budgets sowie Ansatzpunkte konstruktivistischer Budgetanalyse und erweitert so budgetanalytische Horizonte.

Die Ökonomin und Expertin der feministischen Analyse der EU-Sozialpolitik **Susanne Schunter-Kleemann** hinterfragt in ihrem Beitrag *„Gender Mainstreaming – Ein doppelbödiges Konzept"* das neue Paradigma der EU-Gleichstellungspolitik und prüft Bezüge zu Engendering Budgets. Interpretiert man Gender-Mainstreaming als Instrument, als Methode zu einer geschlechtergerechten Verteilung von Finanzen- und Fördermitteln, dann steht es mit Engendering-Budgets in engem Zusammenhang. Sieht man es aber vor allem als ein Konzept, das als Führungskonzept entwickelt wurde, um verschenkte Begabungsreserven von Frauen für die privatkapitalistische Profitmaximierung zu verwerten, dann erweist es sich als „recht doppelbödiges" Gleichstellungskonzept, das nicht unhinterfragt von Engendering Budgets-Initiativen übernommen werden sollte.

Gender Mainstreaming entwickelt sich dann bald zu einem strategischen Führungskonzept der EU-Kommission, um die anwachsende Zahl der EU skeptischen Frauen „zurückzugewinnen", bei gleichzeitigem Abbau der unter den vergangenen EU-Gleichstellungsparadigmen „Gleichbehandlung" und „Frauenförderung" errichteten Strukturen, Programme und bereitgestellten Mittel. Mainstreaming wird dann leicht zum „Malestreaming". Diese Anpassung an die herrschende männliche Sicht der Dinge widerspricht dem Engendering Budgets grundlegend, da dieses gerade erst beginnt einen feministischen Blick auf die Staatsfinanzen zu werfen. Die Streichung von Haushaltslinien und Ausgaben für frauenspezifische Maßnahmen mit dem Argument, dass die reine Frauenförderung eine veraltete, eine überholte Strategie sei, da es nun um beide Geschlechter gehe, wirkt gänzlich kontraproduktiv. Ebenso widerspricht dem Engendering Budgets der expertokratische Ansatz des Gender Mainstreaming mit neoliberaler Wertorientierung und neoliberalen Maßstäben. Denn Engendering Budgets Initiativen verfolgen im Gegensatz dazu gerade die größtmögliche Verbreitung von Budgetwissen und tragen zum Verstehen und zum Arbeiten mit Budgets vieler Frauen bei. Insofern macht der Beitrag von Susanne Schunter-Kleemann wachsam vor den Fallen und aufmerksam für die Chancen des Gender Mainstreaming für Engendering Budgets.

Nach den vorangehenden Einordnungen von Engendering Budgets in frauenpolitische Strategien befassen sich die Autorinnen der folgenden zwei Beiträge mit den sich wandelnden internationalen Rahmenbedingungen für nationale Fiskalpolitik und damit für Engendering Budgets. Die Ökonomin **Walpurga Köhler-Töglhofer** untersucht in ihrem Beitrag *„Rahmenbedingungen für die nationale Fiskalpolitik in Europa – Bestimmungsgründe und Determinanten"* die Rückwirkungen der Koordinierungs- und Konsolidierungserfordernisse durch die Mitgliedschaft in der Wirtschafts- und Währungsunion. Denn diese hat insbesondere durch den Stabilitäts- und Wachstumspakt eine Neugewichtung der wirtschaftspolitischen Probleme und Prioritäten zur Folge. Priorität bekamen nicht die Bedürfnisse des Faktors Arbeit, sondern jene des Faktors Kapital. Er soll steuerlich entlastest werden, damit er nicht flüchten muss. Mit dem Eingehen auf die Folgen wird die Einnahmenseite des Budgets thematisiert, die Steuerpolitik, die z.B. Kapital entlastet. Gemäß Engendering Budgets kann gezeigt werden, dass davon vor allem Männer profitieren, da sie durch die höheren Einkommen Kapital akkumulieren können. Die ausgabenseitige Konsolidierung führt vor allem zur

Reduktion von Transfer- und (Arbeitsmarkt-) Förderausgaben sowie zu stärkerer Gebührenfinanzierung die NiedrigeinkommensbezieherInnen – vor allem Frauen – überproportional belasten.

Der Beitrag zeigt das Engendering Budgets sowohl Einflüsse einer offenen Volkswirtschaft als auch internationale Rahmenbedingungen und deren Veränderung mit einbeziehen muss.

Die Politologin und Sachverständige der Enquete-Kommission des Deutschen Bundestages **Brigitte Young** betrachtet geschlechtergerechte Budgetpolitik aus der Perspektive des *„Korsetts der Europäischen Zentralbank (EZB)"*. Durch den Maastrichter Vertrag ist die EZB autorisiert, Preisstabilität als vorrangiges wirtschaftspolitisches Ziel zu verfolgen (Art. 105, Abs. 1 EG-Vertrag). Die damit verbundene restriktive Geldpolitik und die Maastrichter Kriterien schränken die Fiskalpolitik enorm ein und führen zu einer „Entpolitisierung der Wirtschaftspolitik". Brigitte Young argumentiert für eine Neuausrichtung der finanzpolitischen Grundlagen der EU und sieht dabei Gender Budgets-Analysen als ein wichtiges Instrument. Dies auch deswegen, da Vorschläge der Neuausrichtung, die sie analysiert, eher genderblind gehalten sind. Für Gender Budgets-Initiativen stellt das „Korsett der Europäischen Zentralbank" eine restriktive Rahmenbedingung dar. Um diese zu verändern, sollten Engendering Budgets-Initiativen Bestrebungen alternative Wirtschaftspolitik unterstützen, da mit diesen auch Gender Budgets „forciert" werden können. Nach Brigitte Young macht die Forderung einer geschlechtergerechten Budgetanalyse nur dann Sinn „wenn diese politische Forderung auf der nationalstaatlichen Ebene ... mit einer alternativen (geschlechtergerechten L.G.) makroökonomischen Wirtschafts- und Geldpolitik der Europäischen Union" verbunden wird.

Die Ökonominnen **Christa Schlager** und **Birgit Trukeschitz** bieten in ihrem Beitrag *„Staatsausgaben aus der Geschlechterperspektive – Methodischer Ansatz und erste Ergebnisse für Österreich"* ein Beispiel, wie eine geschlechterbezogene Budgetanalyse durchgeführt werden kann. Eine Engendering Budget-Analyse wird zu den folgenden Ausgaben des österreichischen Bundesbudgets gemacht: zu den geschlechterspezifischen Beschäftigungswirkungen des Bundes als Arbeitgeber (incl. Einkommen), zu den geschlechterspezifischen Beschäftigungswirkungen der Beschaffungsausgaben des Bundes und zu den geschlechterspezifischen Wirkungen der Bildungsausgaben des Bundes. Sie werden bezüglich der folgenden Wirkungen untersucht:

1) Schaffen öffentliche Ausgaben eher Arbeitsplätze für Männer oder für Frauen, welcher Art und mit welchen Einkommen?

2) Kommen die mit öffentlichen Ausgaben erstellten Güter und Dienstleistungen tendenziell überwiegend Frauen oder Männern zugute?

3) Welche Auswirkungen haben öffentliche Ausgaben auf die unbezahlte Arbeit im formellen und informellen Sektor und wie verteilen sich diese auf Frauen und Männer?

Die geschlechterspezifischen Ergebnisse sind frauenpolitisch äußerst interessant und brisant und machen Lust auf mehr. Sie seien hier nicht vorweggenommen. Die Analyse erfolgt auf Basis eines in der Schweiz entwickelten Ansatzes. Dessen Stärken bestehen darin, dass er einen konzeptuellen Rahmen für die Definition der Wirkungsebenen gibt, ein standardisiertes Quantifizierungsverfahren und ein Klassifizierungssystem anbietet, das es ermöglicht, komplexe Zusammenhänge übersichtlich darzustellen. Damit kann z.B. die Frage, ob mit Sparpaketen auf Kosten von Frauen gespart wird, verständlich beantwortet werden, soweit statistisches Material dafür vorhanden ist. Die Autorinnen weisen darauf hin, dass Gender Statistiken fehlen und für Engendering Budgets die Entwicklung von Gender-Statistiken an die StatistikerInnen heranzutragen ist.

Die partiell-quantitative Budgetanalyse von Christa Schlager und Birgit Trukeschitz zeigt deutlich, dass Budgets nicht geschlechtsneutral sondern geschlechtsblind sind. Die Analyse bietet einen anderen Blick auf Maßnahmen und eine fundierte Grundlage für Gleichstellungspolitik.

Diese führt damit in die Machtzentren der Politik, in die Finanzministerien.

Das zweite Fallbeispiel bei dem eine geschlechtsspezifische Budgetanalyse durchgeführt wird, umfasst die Frauenförderpolitik. Die Juristin **Sabine Wagner** analysiert in ihrem Beitrag *„Förder-Mittel-Politik – Zur aktuellen Budgetsituation von Frauenorganisationen in Österreich"* explizit geschlechtsspezifische Budgetansätze des öffentlichen Budgets zweier Regierungen. Die Analyse der Regierungsprogramme zeigt z.B., dass Geschlechtergleichstellung und Frauenförderung in keinem der Programme auch nur erwähnt wird.

Die Analyse von „bewusst an Frauen verteilten öffentlichen Mitteln" ergibt als Anteil der Ausgaben für Frauenprojekte an den Gesamtausgaben bei den jeweiligen Ministerien, Anteile in Promillhöhe. Im Ministerium für soziale Sicherheit und Generationen zu dem das frühere Frauenministerium „transferiert" wurde, betrug der Anteil im Jahr 2000 0,04 %, im Ministerium für Wirtschaft und Arbeit im selben Jahr 0,006 %.

Die Analyse ergibt weiters, dass außer bei den „Interventionsstellen gegen Gewalt" eine gesetzliche Grundlage wie z.B. ein „Frauenberatungsfinanzierungsgesetz" fehlt. Ein solches würde einen rechtlichen Anspruch, objektive Vergabekriterien, eine Institutionen- statt Projektfinanzierung und eine dauerhafte, z.B. eine Dreijahresförderung, statt einjähriger Förderung gewähren. Eine Folge des fehlenden Rechtsanspruchs ist eine seit Jahren prekäre und unsichere finanzielle Situation, die in der schwarzblauen Regierung existenzbedrohende Ausmaße angenommen hat. Dieses Ergebnis einer geschlechtsspezifischen Budgetanalyse, der Frauenförderung, zeigt ganz klar, dass Budgetpolitik Gesellschaftspolitik ist. Durch die Verzögerung, Kürzung und Streichung der Förderung bei regierungskritischen Frauenorganisationen wird massiver Anpassungsdruck auf Frauenorganisationen ausgeübt und bestehende frauenspezifische Infrastruktur zerstört.

Mit der vorliegenden Budgetanalyse wurde eine Basis geschaffen, für die Forderung nach einer feministischen Budgetpolitik, inhaltliche frauenpolitische Vorgaben zu machen und eine Verteilung der Mittel auf die entsprechenden Budgetposten vorzunehmen. Die in diesem Band vorliegenden Beiträge zeigen verschiedene Zugänge zu und Aspekte von Engendering Budgets. Sie zeigen weiters, dass Engendering Budgets interessante theoretische und frauenpolitische Fragen aufwirft denen sich feministische Forschung in den verschiedenen Disziplinen zuwenden sollte. Die exemplarischen Budgetanalysen sollen anregen, weitere durchzuführen[1] und Engendering Budgets von der Politik einzufordern. Auch dazu soll dieses Buch motivieren.

Endnote

[1] Siehe zur Umsetzung: Bergmann, Nadja; Gubitzer, Luise; Klatzer, Elisabeth; Klawatsch-Treitl, Eva; Neumayr, Michaela (2004): Gender Budgeting. Handbuch zur Umsetzung geschlechtergerechter Budgetgestaltung. Wien.

Engendering Budgets – Eine Herausforderung für ÖkonomInnen[1]

Mascha Madörin

1 Einleitung

Als ich das erste Mal anfangs der achtziger Jahre von Zeitbudgetanalysen und finanziellen Bewertungen der unbezahlten Arbeit hörte, dachte ich erstaunt, warum ist mir das noch nie in den Sinn gekommen? Ich wusste nicht, hatte es auch nie während meines Ökonomiestudiums an der Universität Basel gehört, dass dies schon die US-amerikanischen Ökonominnen Margaret G. Reid, Hazel Kyrk und Elizabeth Hoyt in den 20er und 30er Jahren getan und gefordert haben (vgl. Forget 1996 und Yi 1996). Inzwischen gehören statistische Erhebungen zu unbezahlter Arbeit und deren Bewertung in immer mehr Ländern zum Pflichtenheft statistischer Ämter. Seit 1997 werden im Rahmen der Schweizerischen Arbeitskräfte-Erhebung SAKE alle drei Jahre Umfragen zum Zeitaufwand für verschiedene unbezahlte Arbeiten gemacht.

Ähnlich erging es mir bei geschlechtsspezifischen Budgetanalysen: Logisch eigentlich, denke ich heute, aber begonnen darüber nachzudenken habe ich erst nach mehr als 20-jähriger Berufstätigkeit, als ich nämlich 1994 ein Referat für die VPOD-Frauenkonferenz zu Staatsfinanzen vorbereiten musste. Ich wusste damals nicht, dass Frauen in anderen Ländern ähnliche Überlegungen anstellten. Und ich wusste auch nicht, dass die Regierung Australiens das ganze schon ab Mitte der 80er Jahre durchgespielt hatte. Inzwischen gibt es weltweit -zig Initiativen zu „Frauenbudgets“, „geschlechtsspezifischer Budgetanalyse“ oder „Gender Auditing of Government Budgets“. Es fragt sich, woran es liegt, dass die Frage der geschlechtsspezifischen Budgetanalyse (GBA) international dermaßen „in der Luft liegt“. Im Folgenden will ich in Form von Thesen auf ein paar Gründe eingehen, die meiner Ansicht nach für diese rasante Entwicklung in Sachen GBA eine Rolle spielen. Zuerst sei noch kurz etwas zu den Sprachregelungen gesagt:

In Australien und Südafrika war und ist von "Women's Budget", von Frauenbudgets, die Rede. Im Zentrum dieser Budgetanalyse – auch der gewählten Methode – liegt die Verbesserung des sozio-ökonomischen Status der Frauen, wobei im damaligen australischen und heutigen südafrikanischen Regierungsprogramm mindestens zum Teil präzisiert worden ist, worin die Verbesserung des sozio-ökonomischen Status der Frauen bestehen soll. Ab Mitte der 90er Jahre kam weltweit der Begriff "Engendering Budgets" in Mode, zunehmend ist heute mindestens in europäischen Ländern von "Gender Budgets" oder von "Gender Auditing of Government Budgets" die Rede. "Engendering" drückt aus, dass organisatorisch und analytisch ein Prozess in Gang gesetzt wird, dass Geschlechterverhältnisse zum Thema gemacht werden. So sprachen Feministinnen in internationalen Netzwerken ab Ende der 80er Jahre in ihren Forderungen von "Engendering Macroeconomics" oder eben "Engendering Budgets".

Mit dem heute weitgehend verwendeten Begriff "Gender Budgets" ist genau genommen "Gender Budget Analysis" (Rake 2002, S. 14) gemeint, also geschlechterspezifische Budgetanalysen (GBA). Hinter den zwei letzteren Begriffen steht die Idee, dass die Regierung Rechenschaft darüber ablegen soll, welche Auswirkungen ihre Haushaltspolitik auf die Geschlechterverhältnisse und die Gleichstellung zwischen Frau und Mann hat. Das Gewicht liegt stärker auf der Berichterstattung und der Rechenschaftspflicht von Regierungen in Sachen Gleichstellungspolitik als auf Gesetzen oder politische Prinzipien, die umgesetzt werden müssen. Damit ist der Anspruch gestellt, dass Auswirkungen auf Geschlechterverhältnisse grundsätzlich ein Kriterium von Regierungs- und damit Wirtschaftspolitik sein soll, aber damit ist nicht entschieden, welche Auswirkungen denn nun erzielt werden sollen. Es sei hier darauf hingewiesen, dass im Unterschied zum Deutschen, das englische Wort "Budget" den ganzen Staatshaushalt umfasst, nicht einfach den Budgetvoranschlag, wie er jährlich im Parlament diskutiert wird. Zur Budgetpolitik gehört im weiteren Sinn, nebst der Einnahmen und Ausgabenpolitik auch die Fiskalpolitik – die Politik in Sachen Budgetdefizit, Staatsverschuldung, Erhöhung und Senkung der Steuern, Konjunkturpolitik – ebenso das System der Sozialversicherungen.

Der Bedeutungswandel dieser Begriffe ist nicht Zufall, er zeigt eine Veränderung im Verständnis, was Staatspolitik – auch Gleichstellungspolitik – sein soll und kann.

Im Kanton Basel (vgl. Gleichstellungsbüro et al. 2003) befassten wir uns entsprechend dem Beschluss des Grossen Rates mit dem Naheliegendsten: der Ausgaben-Politik des Kantons, ohne auf die gesamte Haushaltspolitik einzugehen. Auch die großen Sozialversicherungssysteme sind von der Analyse ausgeschlossen, weil sie auf nationaler Ebene organisiert und beschlossen werden.

Nur, das sei hier bereits angemerkt, ohne ökonomisches Verständnis dafür, was Staatsausgaben und Fiskalpolitik für die Geschlechterverhältnisse generell bedeuten, lässt sich selbst der Teilbereich „Staatsausgaben" eines Kantons aus geschlechtsspezifischer Sicht nur unbefriedigend analysieren. Sobald die Knochenarbeit einer geschlechtsspezifischen Ausgabenanalyse gemacht wird, beginnt die Auseinandersetzung mit der Beschränktheit bisheriger wirtschaftstheoretischer und -statistischer Konzepte.

2 Thesen zur wirtschaftspolitischen Aktualität der geschlechtsspezifischen Budgetanalyse (GBA)

Folgende Gründe sprechen meiner Ansicht nach für eine GBA:

1. Die Gleichstellungspolitik hat bezüglich Gesetzgebung in vielen Ländern etliches erreicht. Heute fehlt es vor allem an ökonomischen Ressourcen für ihre Durchsetzung.

2. Die Budget-Analyse aus geschlechtsspezifischer Sicht ist Teil von Gender-Mainstreaming. Wenn geschlechtsspezifische Überlegungen in die Politik und Projektplanung eingebaut sein sollen, dann muss sich das auch in der Verteilung der Ressourcen, respektive in der Debatte und Berichterstattung über die Finanzen reflektieren. Geschlechtsspezifische Budgetanalysen und -debatten sind für Frauen eine gute Gelegenheit in die harte Debatte über die Allokation von Ressourcen einzusteigen. Frauenorientierte Politik kann so von den Rändern der Sozialpolitik, wo sie sich traditionellerweise bewegt hat, wegkommen und wirklich etwas bewegen. Das ist eine der wesentlichen Erwartungen an die GBA und wohl einer der Gründe, weshalb die Idee einer GBA bei Frauenorganisationen auf so viel Echo stößt (vgl. Lowe Morna 2000).

3. Durch die Entwicklung der neuen Informationstechnologien und im Rahmen des New Public Management (NPM) sind neue Methoden von Budgetanalysen entwickelt worden, neue Managementtechniken auch im Staatsapparat und ein anderes Verständnis von Steuerungsmöglichkeiten durch Regierungen und Parlament. Mit den Forderungen von geschlechtsspezifischen Budgetanalysen geht es auch darum, darauf zu beharren, dass geschlechtsspezifische Kriterien auch bei NPM-Methoden Eingang finden.

4. Es geht darum, dass der Staat gleichstellungspolitisch relevante Daten als Entscheidungsgrundlage liefert. Die GBA erhöhen die Transparenz ökonomischer Entscheide von Regierungen und ermöglichen es BürgerInnen und EinwohnerInnen auf diese Entscheide Einfluss zu haben. Geschlechtsspezifische Budgetanalysen können als Teil eines Demokratisierungsprozesses angesehen werden, eine längst fällige politische Gleichstellung der Frauen in Sachen Ressourcen des Staates. Die Fachfrau Rhonda Sharp (vgl. Sharp/Broomhill 1999; Sharp 2000), die wesentlich an der Ausarbeitung geschlechtsspezifischer Budgetanalysen in Australien beteiligt war, sagte dazu, dass ein sehr wichtiger Effekt der GBA ist, dass das Desinteresse in Sachen Gleichstellung aufhört und diesbezügliche Wissens- und Datenlücken überhaupt identifiziert werden. Es geht also um gleichstellungspolitische Transparenz und Weiter-

entwicklung eines gleichstellungspolitischen Know Hows für Regierung und Parlament.

5. Die gleichstellungspolitische Logik und Notwendigkeit von GBA erklärt aber nicht, weshalb das Thema in so vielen Ländern in kurzer Zeit aktuell wurde. Dies hat meiner Ansicht nach mit den Auswirkungen jüngster wirtschaftspolitischer Entwicklungen zu tun. Ähnliche wirtschaftspolitische Konzepte und Regierungspraktiken, die wir heute als neoliberal bezeichnen, haben sich in den unterschiedlichsten Regionen auf ähnliche Art und Weise auf Frauen ausgewirkt. Dies hat zu einer neuen wirtschaftstheoretischen und -politischen Debatte in internationalen Frauennetzwerken geführt – zuallererst in Ländern des Süden. Die neue ökonomische Fachdebatte dreht sich nach wie vor um Gleichstellung im Erwerbssektor, aber zunehmend auch um zwei zentrale Kategorien: um die ökonomische Bedeutung der unbezahlten Arbeit und um die Care Economy respektive um soziale Nachhaltigkeit. Bei der Care Ökonomie geht es um das sich Kümmern um andere und die tägliche Versorgung von Menschen, um das Aufziehen von Kindern und Betreuung und Pflege von Erwachsenen. Es geht um die Ökonomie von Haushalten und Familien, um entsprechende Tätigkeiten des Staates oder in der Privatwirtschaft mit den jeweils eigenen ökonomischen Logiken (vgl. Madörin 2001).

6. Die neueren wirtschaftlichen und wirtschaftspolitischen Entwicklungen legen die Annahme nahe, dass Staatsausgaben in nächster Zukunft stagnieren werden. Die Frage der Prioritätensetzung bei der staatlichen Ausgabenpolitik stellt sich damit immer mehr. Zur Wohlfahrtspolitik der Nachkriegszeit gehörte zudem, dass Gleichstellungsprogramme, Verbesserungen in der Sozialpolitik mit wachsenden Staatsausgaben finanziert wurden. Was nun, wenn dies nicht mehr möglich ist? Soll Gleichstellungspolitik deshalb ad acta gelegt und sollen nun soziale Ausgaben wieder gestrichen werden? Wo soll vernünftigerweise – wenn überhaupt – gespart werden? Und: Wenn schon weniger Geld zur Verfügung steht, was in Sachen Gleichstellungspolitik ist wichtig?

7. Trotz tendenziell stagnierender Staatsausgaben – mindestens was Sozialausgaben anbelangt – muss aber betont werden, dass der Staatshaushalt ein großes volkswirtschaftliches Gewicht hat. Die Schweiz hat einen vergleichsweise kleinen Staat und trotzdem betrug im Jahr 2000 der Anteil des Staatsausgaben (inklusive Sozialversicherungen) 37,7% des Bruttoinlandprodukts BIP (vgl. Eidgenössisches Finanzdepartement - online).

8. Mit dem Staatshaushalt lässt sich also wegen seiner Größenordnung nach wie vor Wirtschaftspolitik machen. Mehr denn je steht die Haushaltspolitik des Staates im Zentrum öffentlicher politischer Debatten, nicht zuletzt deshalb, weil andere wirtschaftspolitische Handlungsmöglichkeiten des Nationalstaates – nämlich die Währungs- und Geldpolitik – wegen der Globalisierung der Finanzmärkte zunehmend eingeschränkt sind. Heute ist die Steuerpolitik, die Sozialversicherungs- und die Budgetpolitik ein politisch heiß umkämpftes Feld (Defizitregelungen, Sozialversicherungs- und Wohlfahrtsstaatsdebatte etc.). Es ist höchste Zeit, dass Frauen aus ihrer Sicht substantiell mitzureden beginnen, auf welcher Ebene auch immer – ob in Gemeinden, Kantonen/Ländern oder beim Bund.

3 Engendering Budgets und Wirtschaftspolitik: Die schwierige Auswahl von Kriterien

Die südafrikanische GBA-Expertin Debbie Budlender betont immer wieder, dass es bei GBA um Veränderung geht. Es geht um die bestehende Benachteiligung von Menschen, um die Auswirkungen der Budgets und generell staatlicher Projekte auf diese Benachteiligungen und nicht um die gleiche Zuteilung von Staatsausgaben auf Männer und Frauen. Es geht um deren Auswirkungen und nicht primär um Zuteilungen (vgl. Budlender 2000, S. 1367). Letztlich gibt es zwei unterschiedliche Fragestellungen: Haben Frauen und Männer den gleichen Zugang zu öffentlichen Finanzen? Oder: Führen die Budgetausgaben zu mehr Gleichheit zwischen Frauen und Männern? Im Deutschen wird jeweils abwechselnd der Begriff geschlechterspezifische respektive geschlechtergerechte Budgetanalyse gebraucht. Der zweite Begriff liegt der zweiten Fragestellung näher als der erste.

Es ist offensichtlich, dass die erste Frage durchaus in ein neoliberales Konzept von Staatspolitik passt, wo sich die Budgetanalyse auf die Frage reduziert, wer die KlientInnen des Staates sind, Männer oder Frauen, und – allenfalls - welche unmittelbaren Bedürfnisse sie haben. Während im Fall der "Frauenbudgets" in Australien und in Südafrika klar die zweite Frage gestellt wurde respektive wird, ist dies nicht notwendigerweise bei geschlechtsspezifischen Budgetanalysen der Fall, deren Gewicht auf der Analyse und weniger auf der politischen Umsetzung von Gleichstellungspolitik liegt. Die GBA laufen heute Gefahr, sich auf zwei den politischen Verhältnissen naheliegende Fragen zu reduzieren: auf die Frage des Geschlechts der BezügerInnen von Dienstleistungen – die Genderfrage beim New Public Management – und auf die alte und stark beschränkte Gleichstellungsfrage, wie viel Frauen und Männer zu welchen Bedingungen im Staatsapparat angestellt sind.

Allerdings sei an dieser Stelle betont, dass selbst diese auf den ersten Blick sehr konventionelle Variante der GBA einiges an neuen methodischen und analytischen Überlegungen erfordert, weil allein schon die Aufteilung der Kompetenzen des Bundes, der Kantone und der Gemeinden nach Geschlecht strukturiert ist: Wie soll beispielsweise bei einer Analyse des Kantonsbudgets damit umgegangen werden, dass Berufsschulen (heute meistens Hochschulen) im technischen Bereich vom Bund finanziert werden und die traditionellerweise von Frauen besuchten Berufsschulen – für Krankenpflege beispielsweise – von den Kantonen? Weiter sei hier betont, dass selbst die simpelste GBA, wenn sie nach den KlientInnen des Staates fragt, etliches an gleichstellungspolitischem Wissen beitragen würde, fehlen doch allenthalben immer noch bei offiziellen Daten die Aufschlüsselung nach Geschlecht, von Bedürfniserhebungen nicht zu reden.

Sobald nach den Auswirkungen vom Staatshaushalt für Frauen und Männer gefragt wird, stellt sich das Problem, wie denn Auswirkungen gemessen werden sollen und von welchen Auswirkungen die Rede sein soll (vgl. Bauer, Baumann 1996). Diese Frage stellt sich, auch wenn es sich bei der Gender-Budgetanalyse um einen scheinbar objektiven wissenschaftlichen, mit vielen Zahlen angereicherten analytischen Prozess handelt. Der Begriff Gender im Sinne von Geschlechterverhältnis sagt noch nichts darüber aus, was denn Geschlechterverhältnisse ausmacht.

In der Fachliteratur[2] und in der Praxis werden inzwischen, wie die folgende Liste zeigt, verschiedene Kriterien und Fragestellungen verwendet und empfohlen:

Australien

Wieviel wird für spezifische Gleichstellungsprojekte und Frauenprojekte ausgegeben (wie z.B. Gleichstellungsbüros, Maßnahmen zur Förderungen der Frauen als Staatsangestellte, Elternurlaub etc.). In Australien machten diese Ausgaben zur Zeit der "Frauenbudgets" maximal ein Prozent der gesamten Staatsausgaben aus. In der Schweiz dürfte der Betrag einiges unter einem Prozent liegen.[3]

Über alle anderen Budgetposten buchstäblich der Mainstream respektive Hauptstrom des Budgets, musste nach folgenden Aspekten von den betreffenden Amtsstellen Auskunft gegeben werden:

Wird der sozio-ökonomische Status der Frauen verbessert?

Die Amtsstellen mussten Gender-Indikatoren für Leistungen und Resultate von Staatsausgaben identifizieren.

Kanton Basel-Stadt (Schweiz)[4]

Wer sind die EmpfängerInnen von Dienstleistungen und worin besteht ihr Nutzen für Frauen und Männer?

Auswirkungen auf Erwerbsarbeit von Frauen und Männern in und außerhalb des Staates;

Auswirkungen auf die unbezahlte Arbeit von Frauen und Männern.

Gita Sen (Indien)

Auswirkungen auf den Lebensstandard von Mädchen/Jungen und Frauen/Männer;

Auswirkungen auf die Care Ökonomie;

Auswirkungen auf die Machtverhältnisse zwischen Frauen und Männern (vgl. Sen 2000, 1386).

UK's Women's Budget Group

Wichtig ist die mehrfache Dimension der Geschlechterungleichheit. Folgende Prinzipien sind wichtig:

Analysen sind sowohl bezüglich der Individuen als auch Familien wichtig;

Langfristige Auswirkungen müssen unbedingt in Betracht gezogen werden;

Die Analyse muss auf die unbezahlte Arbeit und die Caring economy ausgedehnt werden.

> Es müssen die verschiedenen Reaktionen von Frauen und Männern in bezug auf ökonomische Anreize in Betracht gezogen werden. Einfache ökonomische Verhaltensmodelle funktionieren nicht (vgl. Rake 2002, S. 16).

Die Auswahl der Kriterien zeigt nicht nur, wie viele Herangehensweisen an die GBA es gibt, sie wiederspiegelt auch die politischen und theoretischen Debatten in einem Land und damit die Sicht, was für die Gleichstellung von Frau und Mann von zentraler Bedeutung ist. Im Folgenden sei auf einen der wirtschaftspolitischen Aspekte der Budgetanalyse eingegangen: auf die Frage der Veränderung der sozialen Arbeitsteilung.

4 Unbezahlte Arbeit und Staatshaushalt

Die Daten zum Kanton Basel-Stadt (vgl. Gleichstellungsbüro Basel et al. 2003, S. 119ff.) zeigen, was alle Erhebungen über unbezahlte Arbeit in OECD-Ländern zeigen:

> Die Zeit, welche die EinwohnerInnen des Kantons mit unbezahlter Arbeit verbringen, ist größer als die gesamte Erwerbszeit.
>
> Nicht nur die Verteilung zwischen bezahlter und unbezahlter Arbeit zwischen Männern und Frauen ist ungleich, sondern auch was Frauen und Männer vorwiegend unbezahlt oder bezahlt arbeiten.
>
> Frauen arbeiten mehr als Männer.

Bei der unbezahlten Arbeit in Haushalten handelt es sich um einen Wirtschaftssektor von der Bedeutung des ganzen Erwerbssektors. Die ehrenamtliche und freiwillige Arbeit beträgt nur etwa 3-4 Prozente der gesamten unbezahlten Arbeit. Diese mit der Hausarbeit analytisch in einen Topf zu werfen ist schon nur wegen der Größenordnungen nicht haltbar. Mindestens zwei Drittel der unbezahlten Arbeit werden von Frauen verrichtet – und dies ist europaweit so. Die ungleiche Verteilung der bezahlten und unbezahlten Arbeit wirkt als riesige Umverteilungsmaschine zuungunsten der Frauen. Wenn wir uns die Daten des Kantons Basel-Stadt ansehen so lässt sich folgende grobe Schätzung fürs Jahr 2000 machen:

1. Würden die erwerbstätigen Frauen des Kantons Basel-Stadt pro Erwerbsstunde gleich viel verdienen wie Männer, so wäre ihr Bruttoerwerbseinkommen (inkl. Arbeitgeberbeitrag) um knapp 740 Millionen Franken höher gewesen als es effektiv der Fall war. Dies entspricht in etwa der Größenordnung des Betrags, den Kapitalgesellschaften des Kantons Basel-Stadt an Ertragssteuern an Kanton und Bund abliefern.

2. Würden Frauen des Kantons Basel-Stadt die unbezahlte Arbeit, welche sie MEHR leisten als Männer zu einem Marktpreis bezahlt, so würden sie rund 1500 Millionen Franken jährlich zusätzlich verdienen. Dies entspricht mehr als was die Haushalte des Kantons an Einkommens- und Vermögenssteuern an den Kanton abliefern.

Würden die in den Punkten 1 und 2 zusätzlichen Einkommen tatsächlich den Einwohnerinnen des Kantons Basel zukommen, würde sich das Einkommen der Frauen verdoppeln.

Diese Rechnungen illustrieren die Dimensionen die zur Debatte stehen, wenn wir von Gleichstellung von Mann und Frau reden. Es geht um sehr viel. Heute wird in der feministisch interessierten Fachwelt darüber diskutiert, wie denn an dieser asymmetrischen Verteilung der bezahlten und unbezahlten Arbeit etwas geändert werden kann. Das Problem mit der Gleichstellung von Frau und Mann ist jedoch nicht nur, dass die unbezahlte und bezahlte Arbeit ungleich verteilt ist und damit auch die Verfügungsgewalt über Einkommen. Frauen arbeiten zudem, obwohl sie weniger erwerbsarbeiten als Männer, mehr. Bis jetzt wurde in der Wirtschaftstheorie und -politik angenommen, dass unbezahlte Arbeit beliebig und zu jeder Zeit einfach verfügbar ist. Und es wurde angenommen, dass der Einstieg der Frauen in die Erwerbsarbeit und die Chancengleichheit im Berufsleben mit Antidiskriminierungsprogrammen bei der Erwerbsarbeit und bei der Ausbildung zu erreichen sei. Dies stimmt bestimmt für ein gewisses Volumen von Erwerbsarbeit und zweifellos ist eine Antidiskriminierungspolitik nach wie vor notwendig, wie der oben aufgeführte Punkt 1 zeigt. Aber sie hat ihre Grenzen in der Zeitökonomie der Frauen. Bis zu einem gewissen Grad können erwerbstätige Frauen die unbezahlte Arbeit intensivieren und mehr Stunden arbeiten. Aber Frauen haben bekanntlich pro Tag nur 24 Stunden wie Männer auch und es wäre nur gerecht, sie hätten gleich viel Freizeit wie Männer. Freizeit ist bekanntlich ein wichtiger Aspekt des Lebensstandards. Die Realität ist beeindruckend: Die Frauen in Basel-Stadt (im Alter von 15-100) arbeiteten aufgrund der in der Basler Budgetanalyse berechneten Werte im Jahr 2000 bezahlt und unbezahlt mindestens 30 Millionen Stunden mehr als Männer. Die 30 Millionen Stunden Mehrarbeit sind unter anderem darauf zurück zu führen, dass mehr Frauen als Männer im Kanton wohnen. Aber nicht nur: Pro Kopf gerechnet arbeiten Frauen jährlich bezahlt und unbezahlt ungefähr 160 Stunden mehr als Männer. Dies entspricht immerhin der Arbeitszeit von fast vier Wochen Vollerwerbsarbeitszeit jährlich! Es handelt sich um Ferien oder Freizeit, welche den Frauen im Vergleich zu den Männern schlicht fehlen.

Trotzdem wird nach wie vor über die mögliche Verlagerung von Leistungen des Staates in den ehrenamtlichen Bereich geträumt. Ich brauche in diesem Zusammenhang das despektierliche Wort „träumen“, um klarzumachen, wie irreell dies in einer Zeit ist, wo vor allem die jüngere Generation von Frauen dazu entschlossen ist, Berufstätigkeit mit Kindern zu vereinbaren. Es muss heute eine Wirtschaftspolitik realisiert werden, die damit rechnet, dass das Volumen der unbezahlten Arbeit abnehmen wird. Eine Politik, die mehr unbezahlte Arbeit schaffen will, würde voraussetzen, dass irgendjemand Zeit hat und dazu bereit ist, diese unbezahlte Arbeit zu tun. Dass dies die Männer sein werden, nimmt wohl niemand ernsthaft an. Wer soll es dann außer den ohnehin überlasteten Frauen sonst noch sein? Pensionierte?

Die Streichung staatlicher Betreuungs- und Pflegeausgaben beispielsweise und deren Verlagerung in teilsubventionierte Projekte mit freiwilliger Arbeit hat zudem nicht nur den problematischen Effekt, dass Frauen zusätzlich mit unbezahlter Arbeit belastet werden. Meistens handelt es sich, wenn im Gesundheits- und Sozialwesen gespart wird, ausgerechnet um Frauenarbeitsplätze die gestrichen werden. Es ist so ziemlich das Gegenteil von dem, was mit einer Gleichstellungspolitik anzustreben wäre.

Es gibt deshalb eine eminent gleichstellungspolitische ökonomische Frage: Wie können Frauen von einem Teil der riesigen Mengen unbezahlter Arbeit entlastet werden? Im Prinzip gibt es, nebst der unrealistischen Verlagerung von unbezahlter Arbeit aus dem Haushalt in andere unbezahlte Sektoren, 5 Möglichkeiten:

durch technischen Fortschritt im Haushalt;

indem Männer einen Teil der unbezahlten Arbeit übernehmen;

indem gewisse Leistungen einfach nicht mehr erbracht werden;

indem bisherige Haushalts/Familien-Leistungen vom Staat übernommen werden;

indem bisherige Haushalts/Familien-Leistungen vom Markt angeboten werden.

Soll sich die Arbeitsbelastung der Frauen substantiell ändern, dann muss sich eben viel ändern, weil es sich wie oben gezeigt, um sehr große Dimensionen handelt. Die jüngste Vergangenheit zeigt, dass alle, oder jedenfalls fast alle, Optionen bei der Reduzierung der unbezahlten Arbeitszeit der Frauen eine Rolle spielen. Allerdings ist für die Zukunft einer Gesellschaft und für ihre soziale Stabilität von eminent wirtschaftspolitischer Bedeutung, in welcher Mischung die obgenannten Optionen zum Tragen kommen.

Im Unterschied zur Schweiz gibt es in andern Ländern schon seit Jahrzehnten Erhebungen zur unbezahlten Arbeit, die Auskunft darüber geben, was angesichts der zunehmenden Erwerbstätigkeit der Frauen mit der unbezahlten Arbeit passiert. In etlichen Ländern ist das Volumen an unbezahlter Arbeit der Frauen substantiell gesunken. Die Daten in den meisten OECD-Ländern zeigen jedoch ziemlich flächenübergreifend, dass dies nicht mit einer stärkeren Beteiligung der Männer an der unbezahlten Arbeit zu erklären ist. Diese hat nämlich nicht substantiell zugenommen. Wie Zeitbudgeterhebungen zu jungen Männern zeigen, scheint diesbezüglich auch die neuere Generation von Männern wenig Anlass zu Hoffnungen zu geben (vgl. Bittmann 1999, S. 30). Auch wenn in punkto stärkerer Beteiligung von Männern an unbezahlter Arbeit die Aussichten trüb sind – auch wenn wir die Hoffnungen nicht aufgeben wollen , es bleiben noch die vier anderen ökonomischen Möglichkeiten offen.

Dazu ein paar Überlegungen: Sicher spielt die technische Entwicklung als arbeitserleichternder Faktor bei der Hausarbeit eine nicht unwesentliche Rolle. Denken wir nur an die Erfindung der Waschmaschine und pflegeleichter Gewebe. Eine Untersuchung in Australien über die geschlechtsspezifische Arbeitsteilung von 1974-92 zeigt beispielsweise, dass Frauen verglichen zu den siebziger Jahren nun sehr viel weniger Zeit aufwenden fürs Putzen, Bügeln und Waschen. Aber eine Sache ist die Rolle des technischen Fortschritts bei Hausarbeiten, eine andere die Frage der Betreuungsarbeit und der damit verbundenen Präsenzzeiten, die nicht einfach gekürzt werden können. Da gibt es sogar gegenläufige Bewegungen: Der Zeitaufwand pro Kind nimmt wie Untersuchungen in Australien zeigen zu. Betreuungszeit ist zudem schwer mit technischem Fortschritt zu reduzieren, sie kann allenfalls in andere soziale Zusammenhänge verlagert werden. Die Frage stellt sich: wohin? Welche sozialen Infrastrukturen müssen dazu neu geschaffen werden und was ist dabei die Rolle des Staates?

Untersuchungen in Australien zeigen ebenfalls, dass in den neunziger Jahren Frauen versucht haben, externe Leistungen zu beanspruchen: Betreuung von Kindern und Zubereitung von Mahlzeiten – durch den Kauf von Fertigmahlzeiten, Fast food und die Einnahme von Mahlzeiten in Restaurants. Die Ausgaben der Haushalte für die externe Kinderbetreuung sind in Australien stärker gestiegen als die Erwerbstätigkeit der Frauen. Zwar steigen in Australien auch die Ausgaben für andere haushaltsnahe Tätigkeiten wie Putzen oder Waschen, aber lange nicht so stark wie die Ausgaben für externe Kinderbetreuung (vgl. Bittmann 1999).

Die fortgesetzte Industrialisierung der Nahrungsmittel, haushaltsnahe Dienstleistungen wie Putzen, Waschen oder Haustiere zum Tierarzt bringen, werden heutzutage wesentlich durch marktwirtschaftliche Angebote abgedeckt. Es stellt sich dabei allerdings die Frage, wer sich erstens diese Angebote leisten kann und zweitens welches die Erwerbsarbeitsbedingungen in diesen haushaltsnahen Branchen sind. Die verfügbaren Daten weisen darauf hin, dass diese in der Regel sehr niedrige Löhne bezahlen und es sich wiederum vorwiegend um Frauen handelt, die diese Arbeit leisten. Die Zahl der Working Poor unter Frauen droht zuzunehmen. Sie werden sich den Kauf dieser Dienstleistungen zur eigenen Arbeitsentlastung bestimmt nicht leisten können. Die Arbeitsüberlastung von Frauen mit niedrigen Erwerbseinkommen steigt. Die Feminisierung der Armut und die Zunahme armer Haushalte mit Kindern ebenfalls. Auf jeden Fall werden sich diesbezüglich neue – oder zusätzliche – sozialpolitische Fragen stellen, falls nicht nach anderen Lösungen gesucht wird.

Und wie steht es mit der Kinderbetreuung? Es gibt eine Reihe sehr guter Gründe, Chancengleichheit für Kinder aus verschiedenen sozialen Milieus zum Beispiel, externe Kinderbetreuung staatlich oder mindestens stark durch den Staat subventioniert zu organisieren – und zwar für alle Kinder. Untersuchungen zeigen zudem auch, dass die Erwerbstätigkeit von Frauen nicht nur von den Angeboten externer Kinderbetreuung abhängt, sondern auch davon, wie teuer diese sind (vgl. Bakker 1998 S. 9). Auf jeden Fall gibt es – ökonomisch gesehen – bei zunehmender Erwerbsarbeit der Frauen nur die Variante, dass via staatliche oder private Angebote die Kinderbetreuung organisiert wird (vgl. Bittmann 1999).

Zugegeben, es gibt auch die Möglichkeit, dass Frauen gewisse Leistungen nicht mehr erbringen können oder wollen: Sie reduzieren die Zahl der Kinder oder haben überhaupt keine oder sie sind nicht mehr in der

Lage, für ihre Kinder zu sorgen. Die niedrigen Fruchtbarkeitsraten in einigen europäischen Ländern sprechen Bände über den ökonomischen Realismus der Staats- und Wirtschaftseliten in Sachen Care Ökonomie, ebenso die Präsenz von Straßenkindern in armen Quartieren großer Städte oder in Städten des Südens.

Heute versuchen ÖkonomInnen Input-Output-Analysen zu machen, mit denen Austauschbeziehungen und Rückkoppelungsmechanismen zwischen der Ökonomie der Privatwirtschaft, der Haushalte und des Staatssektor genauer untersucht werden. Was dabei herauskommt, widerspricht bisherigen wirtschaftspolitischen Denkgewohnheiten. Bis jetzt dominiert die absurde Einbahnvorstellung, dass Haushalte und Staat vorwiegend konsumieren und dass Reichtum und Wohlstand vor allem in der Privatindustrie geschaffen werden. Die volkswirtschaftliche Gesamtrechnung ist beispielsweise nach dieser Vorstellung aufgebaut. Das ist eines der analytischen Probleme, mit denen wir konfrontiert sind, wollen wir geschlechtsspezifische Budgetanalysen machen. Insofern kann eine geschlechtsspezifische Budgetanalyse ein Beitrag dazu sein, realistischere ökonomische Vorstellungen zu entwickeln und den wirtschafts- und vor allem finanzpolitischen Sachverstand zu schärfen.

Noch eine letzte Bemerkung: Beim Aufziehen von Kindern handelt es sich um eine spezielle Art von Service Public, von der die ganze Gesellschaft profitiert und von der das zukünftige Funktionieren der so genannten Wirtschaft abhängt. Von der Altersvorsorge schon gar nicht zu reden. Auch bei den Dienstleistungen für pflegebedürftige Menschen ist von einem Service Public zu reden, der wesentlich von Frauen unbezahlt mitgetragen wird. Sind diese Leistungen auf die eine oder andere Art nicht mehr gewährleistet, so ist nicht nur soziale Stabilität, sondern auch die Realisierung elementarer sozio-ökonomischer Menschenrechte in Frage gestellt.

Wenn wir von Auswirkungen von Staatsbudgets auf die unbezahlte Arbeit von Frauen und Männern reden, dann reden wir nicht nur von der sozialen Arbeitsteilung zwischen Mann und Frau, sondern auch von Produktion und Dienstleistungen, von Leistungen von Frauen für die ganze Gesellschaft und davon, wie es in Zukunft weiter gehen soll. Eine der wichtigsten Einsichten in Sachen Care Ökonomie besteht darin, dass ein wesentlicher Teil der unbezahlten Arbeit der Frauen und damit auch von Staatsausgaben für äquivalente Tätigkeiten im Bereich der Gesundheit, Erziehung und Wohlfahrt, nicht einfach als Konsum wie bisher angesehen werden dürfen, sondern als soziale Investition, als Investition in die Zukunft einer Region, einer Stadt, eines Landes. Sie müssen analytisch ähnlich behandelt werden wie beispielsweise Infrastrukturausgaben (vgl. Bakker 1998, S. 21).

Kurzum bei geschlechterspezifischen Budgetanalysen geht es um mehr als um gleichstellungspolitische Verteilungsfragen und um das Recht auf Frauen, vom Staat ökonomisch nicht diskriminiert zu werden. Es geht, wie ich hoffe gezeigt zu haben, um eminent wirtschaftspolitische Zukunftsfragen, die alle betreffen. Für feministisch interessierte ÖkonomInnen und WirtschaftsstatistikerInnen eröffnet sich ein weites Feld kreativer Umsetzung bisher nur vage formulierter Theorien. Und wie die Erfahrungen in Basel und anderswo gezeigt haben (vgl. Madörin 2003a, Madörin 2001b), ist ohne Zusammenarbeit mit Frauenorganisationen und Fachfrauen aus den verschiedensten Bereichen des gesellschaftlichen Lebens eine Budgetanalyse nicht zu machen.

Endnoten

[1] Bei diesem Artikel handelt es sich um eine revidierte Fassung des in einer vom Basler Gleichstellungsbüro und Frauenrat anlässlich der Tagung „Gender Balance – Equal Finance“ gehaltenen Referats (Madörin, 2002).

[2] Vgl. dazu auch Klatzer in diesem Band

[3] Vgl. dazu auch Schlager, Trukeschitz in diesem Band

[4] Vgl. dazu auch Schlager, Trukeschitz in diesem Band

Literatur

(*) weiterführende Literatur

(*) Abers, Rebecca (1998): From Clientelism to Cooperation: Local Government, Participatory Policy and Civic Organizing in Porto Alegre, Brazil. In: Politics & Society Vol. 26, No.4, Dec 1998, pp. 511-537.

(*) Agarwal, Bina (1997): "Bargaining" and Gender Relations: Within and Beyond the Household. In: Feminist Economics Vol. 3, No.1, 1997, pp. 1-15.

Bakker, Isabella (1998): Travail non rémunéré et macroéconomie: nouveau débats, nouveaux outils d'intervention. Recherche en matière de politiques, Condition féminine, Canada, Août 1998 – http://www.swc.-cfc.gc.ca.

(*) Bakker, Isabella; Elson, Diane (1998): Towards Engendering Budgets. In: Alternative Federal Budget Papers 1998, Ottawa/ Halifax: Canadian Center for Policy Alternatives/ CHO!CES: A coalition for Social Justice, pp. 297-323.

(*) Bakker, Isabella; Elson, Diane (1998): Für ein Budget, das mit Frauen rechnet. Ansätze zu einer makroökonomischen Analyse von Staatsbudgets aus Frauensicht. In: Olympe Feministische Arbeitshefte zur Politik, Heft 9/1998, Zürich, pp. 50-61.

Bauer, Tobias; Baumann, Beat (1996): An den Frauen sparen? Eine Untersuchung zu den Auswirkungen der Sparpolitik von Bund, Kantonen und Gemeinden auf die Frauen. Bern Mai 1996.

(*) Bergmann, Barbara R. (1997): Government Support for Families with Children in the United States and France. In: Feminist Economics Vol. 3, No.1, pp. 85-94.

(*) Bergmann, Barbara R. (2000): Subsidizing Child Care by Mothers at Home. In: Economics, Vol. 6, No. 1, pp. 77-88.

Bittmann, Michael (1999): Parenthood Without Penalty: Time Use and Public Policy in Australie and Finland. In: Feminist Economics Vol. 5, No. 3, pp. 27-42.

(*) Boaventura de Sousa Santos (1998): Participatory Budgeting in Porto Alegre: Toward a Redistributive Democracy. In: Politics & Society, Vol. 26, No. 4, December 1998, pp. 461-510.

(*) Budlender, Debbie (1998a): "Money Matters": Frauen und Staatsbudgets in Südafrika. In: Olympe, Feministische Arbeitshefte zur Politik, Heft 9/1998, pp. 62-67.

Budlender, Debbie (2000): The Political Economy of Women's Budgets in the South. In: World Development Vol. 28, No 7, pp. 1356-1378.

(*) Cagatay, Nilüfer; Elson, Diane (2000): The Social Content of Macroeconomic Policies, World Development Vol. 28, No.7, pp. 1347-1364.

(*) Cagatay, Nilüfer; Keklik, Mümtaz/ Lal, Radhika/ Land, James (2000): Budgets as if People Mattered: Democratizing Macroeconomic Policies, SEPED Conference Paper Series, contribution to the five year review of the Fourth World Conference on Women (Beijing) and the World Summit for Social Development (Copenhagen), May 2000 – www.undp.org/seped/publications/conf_pub.htm.

Eidgenössisches Finanzdepartment - http://www.efd.admin.ch/d/

(*) Elson, Diane (1998): Integrating Gender Issues Into National Budgetary Policies and Procedures: Some Policy Options, Journal of International Development, Vol 10, November 1998, pp. 929-941.

Forget, Evelyn (1996): Margaret Gilpin Reid: A Manitoba Home Economist Goes to Chicago. In: Feminist Economics, Vol. 2, No. 3, pp. 1-16.

Gender Balance-Equal Finance (2002): Eine Fachtagung von Frauen und Gleichstellungsbüro Basel-Stadt zur geschlechterdifferenzierten Budget-Analyse, 19. März 2002. Dokumentation. Basel.

Gleichstellungsbüro; Statistisches Amt; Frauenrat des Kantons Basel-Stadt (2003): Der kleine Unterschied in den Staatsfinanzen. Geschlechterdifferenzierte Rechnungsanalysen im Kanton Basel-Stadt.

(*) Hurt, Karen; Budlender, Debbie (1998) (ed.): Money Matters. Women an the government budget. Cape Town: Idasa.

(*) Ironmonger, Duncan (1996): Counting Outputs, Capital Inputs and Caring Labor: Estimating Gross Household Product. In: Feminist Economics Vol 2, No 3 1996, pp. 37-64.

Lowe Morna, Colleen (2000): Gender Budgeting: Myths and Realities, Paper presented at the 25 Years International Womens Politics Workshop. Bonn 13-14 Oct. 2000.

(*) Loxley, John; Scott, Anna (1998): Show Us the Money! The Politics and Process of Alternative Budgets. Arbeiter Ring Winnipeg.

(*) Madörin, Mascha (2003 a): Grössenordnungen und wirtschaftliche Bedeutung der unbezahlten Arbeit im Kanton Basel-Stadt. In: Gleichstellungsbüro und Frauenrat des Kantons Basel-Stadt (Hg.): Der kleine Unterschied in den Staatsfinanzen. Geschlechterdifferenzierte Rechnungsanalysen im Kanton Basel-Stadt. S. 116ff.

Madörin, Mascha (2003 b): Gender Budget. Erfahrungen mit einer Methode des Gender Mainstreaming. In: Widerspruch: Feminismus, Gender, Geschlecht, 23. Jg., 1. Halbjahr 2003, Heft 44, S. 35-50.

Madörin, Mascha (2002): Engendering Budgets Eine Frage der wirtschaftspolitischen Steuerung. In: Gender-Balance-Equal Finance. Dokumentation der Fachtagung vom 19.3. 2002 des Frauenrates und Gleichstellungsbüros Basel-Stadt zur geschlechter-differenzierten Budget-Analyse. S. 6-13.

Madörin, Mascha (2001): Care Economy – ein blinder Fleck in der Wirtschaftstheorie. In: Widerspruch 40/01, S. 41-45.

(*) Madörin, Mascha (2001a): Wenn Erwerbsarbeit zum unerschwinglichen Luxus wird, In: Soziale Sicherheit 3/2001, S. 135-136.

Madörin, Mascha (2001b): Geschlechtsspezifische Budgetanalysen, Fragestellungen, Methoden und institutionelle Arrangements im Ausland und in der Schweiz. Dokumentation zusammengestellt im Auftrag des Büros für Gleichstellung von Frau und Mann der Stadt Zürich.

(*) Madörin, Mascha (2000): Welcher Teil des Kuchens für die Frauen? Städtische Finanzen für Gleichstellungsstellen, für Frauenprojekte und für Künstlerinnen in den letzten zehn Jahren. In: Büro für Gleichstellung von Frau und Mann der Stadt Zürich (Hrsg.): geschlechtgleichstellung. Frauen in der Stadt Zürich 1990-2000. Eine Bilanz, S. 25-36.

(*) Madörin, Mascha (1996): Der kleine Unterschied – in Milliarden Franken. Überlegungen zur Umverteilung von Arbeit und Einkommen aus feministischer Sicht. In: Widerspruch 31/96, S. 127-142.

(*) Mertens, Heide (1998): Haushalt, Markt und Staat. Unbezahlte (Frauen)Arbeit und soziale Sicherheit. In: Peripherie Nr. 69/70, S. 25-45.

(*) Ökumenische Arbeitsgruppe (Hg.) (2001): Freier Blick auf Budgets! Kirchenbudgets aus Frauensicht. Brot für alle Basel/ Fastenopfer Luzern 2001.

Rake, Katherine (2002): Gender Budgets: The Experience of UK's Women's Budget Group". In: Gender Balance-Equal Finance. Eine Fachtagung von Frauen und

Gleichstellungsbüro Basel-Stadt zur gechlechterdifferenzierten Budget-Analyse. 19. März 2002. Dokumentation. Basel, S. 14-20.

(*) Schmid, Hans; Sousa-Poza, Alfonso; Widmer, Rolf (1999): Monetäre Bewertung der unbezahlten Arbeit. Eine empirische Analyse für die Schweiz anhand der Schweizerischen Arbeitskräfteerhebung. Expertenbericht hrsg. vom Bundesamt für Statistik, Neuchâtel.

(*) Schweiz. Konferenz der Gleichstellungsbeauftragten und Schweiz. Verband des Personals öffentlicher Dienste VPOD (1996): An den Frauen sparen? Auswirkungen der Sparpolitik von Bund, Kantonen und Gemeinden auf die Frauen, Kurzfassung einer wissenschaftlichen Studie, Bern und Zürich 1996.

Sen, Gita (2000): Gender Mainstreaming in Finance Ministries. In: World Development, Vol. 28. Nr. 7, pp. 1279-1390.

(*) Sen, Gita (1999): Gender Mainstreaming in Finance, A Quick Guide to ... . Commonwealth Secretariat, London.

Sharp, Rhonda; Broomhill, Ray (1999): Australia's Role in the Development of Gender-Sensitive Budgets. Draft Paper, UNDP/UNIFEM Workshop "Pro-Poor, Gender- and Environment-Sensitive Budgets" 28-30th of June 1999, New York.

Sharp, Rhonda (2000): Gender Budgets: The Australian Experience. Paper presented at: International Workshop on Gender Auditing of Government Budgets, 15-16th of September 2000, Rome.

(*) Shelley Phipps; Burton, Peter; Osberg, Lars (2001): Time as a Source of Inequality Within Marriage: Are Husbands More Satisfied With Time for Themselves than Wives?. In: Feminist Economics, Vol. 7, No.2, pp. 1-21.

(*) Stiefel, Elisabeth (1998): Über den Zwiespalt zwischen globaler Ökonomie und der simplen Sorge für das Leben: In: Internationale Politik und Gesellschaft 3/1998, S. 299-309.

(*) Strub, Silvia; Bauer, Tobias (2002): Wie ist die Arbeit zwischen den Geschlechtern verteilt? Eine Untersuchung zur Aufteilung von unbezahlter und bezahlter Arbeit in Familien in der Schweiz und im internationalen Vergleich. Studie hrsg. vom Eidg. Büro für Gleichstellung von Frau und Mann, Bern.

UNIFEM (2000) (ed.): Gender-Sensitive Budget Initiatives For Latin America and the Caribbean: A Tool For Improving Accountability and Achieving Effective Policy

Implementation. Report prepared by Dr. Simel Esim, Economist of the International Center for Research on Women (ICRW), New York, January 2000.

Yi, Yun-Ae; Reid, Margaret G. (1996): Life and Achievements. In: Feminist Economis, Vol 2, No 3, pp. 17-36.

Einfluss nehmen auf die Budgetpolitik – Internationale Initiativen und Erfahrungen mit Engendering Budgets

Elisabeth Klatzer

1 Initiativen rund um den Globus

International gibt es bereits seit einigen Jahren eine intensive und engagierte Diskussion zur Frage der Bedeutung und Erstellung von Gender Budgets. Mittlerweile gibt es weltweit eine große Anzahl an Initiativen, die sich ein Engendering der Budgets zum Ziel gesetzt haben. Debbie Budlender, die in Südafrika maßgeblich an der Entwicklung der Women's Budgets beteiligt war, hat einen umfassenden Überblick zu den existierenden Gender Budget Initiativen erstellt und berichtet von Entwicklungen im Hinblick auf Engendered Budgets in über 50 Ländern (vgl. Budlender, 2002). Die Zugänge, Ziele und Methoden im Zusammenhang mit Engendering Budgets sind sehr vielfältig. Dementsprechend bunt sind auch die vorliegenden Arbeiten und Erfahrungen.

Aus der großen Fülle an Projekten möchte ich einige herausgreifen und hier darüber berichten. Es liegt nahe, die Projekte der Vorreiterinnen zu inkludieren (Australien, Südafrika), aber auch solche mit besonders erfolgreicher Zusammenarbeit unterschiedlicher AkteurInnen (Südafrika, Tansania) und Projekte, die von NGOs alleine getragen werden (Großbritannien, Kanada). Jedes der gewählten Projekte hat aber eine Vielfalt von Dimensionen, die im Hinblick auf unsere Arbeiten an Engendering Budgets lehrreiche Einsichten bieten. Auch hervorzuheben sind die Arbeiten in der Schweiz, wo ein interessanter eigenständiger Weg eingeschlagen wurde. Diese werden hier nicht behandelt, da Mascha Madörin dazu aus erster Hand berichtet (siehe dazu die Beiträge von Mascha Madörin sowie Christa Schlager und Birgit Trukeschitz in diesem Band).

2 Entstehungszusammenhang, Akteure und politisches Umfeld

Australien hat 1984 als erstes Land begonnen, regierungsintern ein so genanntes „Women's Budget" (WB) zu erstellen. Das WB in Australien wurde in einer Zeit der wirtschaftlichen Expansion unter einer Sozialdemokratischen Regierung eingeführt.

Das WB war als umfassender Audit des Regierungsbudgets bezüglich der Auswirkungen auf Frauen und Mädchen konzipiert und wurde als Teil des Gesamtbudgets präsentiert. Neben einem jährlichen Bundesbudget nach Gender-Gesichtspunkten gab es Frauenbudgets auch in allen sechs Staaten und in den 2 Territories.

In Australien wurde diese Initiative von den Gender-Beauftragten und -Institutionen innerhalb der Regierung initiiert und getragen. Das erklärt einerseits, warum Australien hier eine Vorreiterrolle einnahm und andererseits aber auch, warum diese Initiativen mit dem Wechsel zu einer konservativen Regierung Mitte der 90er Jahre wiederum von der Bildfläche verschwinden konnten. Vom institutionellen Gesichtspunkt her war es in Australien von großer Bedeutung, dass eine gute Struktur an Abteilungen für Frauenpolitik innerhalb der Regierung existierte und in der viele Feministinnen arbeiteten. Das Office of the Status of Women (OSW), die für die Erstellung des Women's Budget zuständige Stelle, hatte innerhalb der Regierung eine einflussreiche Stellung.

Die Arbeiten wurden bis 1996 weitergeführt. Mit dem Wechsel zu einer konservativen Regierung wurden die Arbeiten an den Women's Budgets jedoch weitgehend eingestellt. Zahlreiche Gender Budget Initiativen haben den konzeptuellen Rahmen der australischen Analyse übernommen.

Die **südafrikanische Women's Budget Initiative** (WBI) ist eng mit dem Ende des Apartheid Regimes und der Einführung einer neuen Verfassung sowie dem Anspruch, Rassen- und Genderdiskriminierung ein Ende zu bereiten, verbunden. Die Idee, Budgets aus der Genderperspektive zu analysieren, wurde bereits in den Verhandlungen vor den ersten demokratischen Wahlen thematisiert. (vgl. Budlender 2001, S. 23). Bei den ersten demokratischen Wahlen in Südafrika im Jahr 1994 stieg der Anteil an Parlamentarierinnen von 3 % auf 27 %, das heißt, es waren mehr als 100 Frauen im Parlament vertreten. Politischer Hintergrund der WBI war die extrem benachteiligte sozio-ökonomische Situation von Frauen. Südafrika ist eines der Länder mit der größten Armut und Ungleichheit.

Die Women's Budget Initiative (WBI) in Südafrika wurde 1995 - bald nach den ersten demokratischen Wahlen gemeinsam von Parlamentarierinnen und NGOs in Zusammenarbeit mit WissenschafterInnen lanciert. Bereits vor den Wahlen zum African National Congress wurde 1994 von einer breiten Koalition von Frauen und Frauenorganisationen im Rahmen einer landesweiten Kampagne („Big Ears") eine „Charter for Effective Equality" erstellt, die die Basis für die spätere WBI darstellte. Das südafrikanische Beispiel hat wichtige Impulse für die Entwicklung von Gender Budgets in anderen Ländern gegeben. Seit 1996 wird jährlich ein Women's Budget veröffentlicht. Die Women's Budget Initiative hat in den ersten drei Jahren die Budgets aller Ministerien und nachgelagerten Institutionen analysiert. In der Folge wurde der Fokus auf neue innovative Fragen und Themen gelegt. So standen in den Folgejahren beispielsweise die lokalen Budgets, internationale Hilfsgelder sowie die Beschäftigungswirkung des nationalen Budgets oder die Staatseinnahmenseite im Mittelpunkt des Interesses.

Ausgehend von dem außerhalb der Regierung initiierten Projekt wurde 1997 eine zweite Initiative innerhalb der Regierung gestartet: Südafrika nahm – neben Barbados, Fiji, Saint Kitts and Nivis, und Sri Lanka an der Gender Budget Initiative des Commonwealth Sekretariates teil. Diese Initiative ist zentraler Bestandteil der Politiken des Commonwealth zur Förderung von Gender-sensitiven makroökonomischen Politiken. Die Koordination obliegt dem Finanzministerium. Das sollte sicherstellen, dass eine Gender sensitive Analyse Teil der Formulierung der makroökonomischen Politik und dessen Evaluierung ist.

Es ist erklärtes Ziel der WBI, dass die kontinuierliche Analyse der einzelnen Budgetkapitel innerhalb der Regierung weiter getragen wird. Dennoch ist laufende und zunehmende Unterstützung der Zivilgesellschaft notwendig, um sicherzustellen, dass die Regierungsinitiative sich jenen Fragen und Antworten widmet, die vonnöten sind. Druck von Seiten des Parlamentes und der Zivilgesellschaft ist notwendig, um sicherzustellen, dass Informationen und Dokumente in einer zugänglichen und nützlichen Form herausgebracht werden. Es braucht laufendes Monitoring, um zu verhindern, dass die Initiative „gezähmt" wird und das analytische Instrumentarium auf eine Public Relations Übung der Regierung reduziert wird. Der Druck von außen ist auch notwendig, damit das WB nicht nach Belieben einer Partei beendet werden kann. Australien wird dabei als Negativbeispiel vor Augen gehalten (vgl. Budlender 1997, S. 35f).

Gender Budgeting in **Tansania** begann als ein NGO Prozess, an dem mehr als 20 NGOs beteiligt waren (vgl. Rusimbi 2002, S. 1). Federführend dabei waren das Tanzania Gender Networking Programme (TGNP) und Feminist Activism Coalition (FemAct). Das Projekt Gender Budget Initiative (GBI) wird von TGNP selbst als „Lobbying Initiative" bezeichnet. Die GBI gilt als eine der am weitesten entwickelten Initiativen, die sowohl die Zivilgesellschaft als auch die Regierung umfasst (vgl. Budlender 2001, S. 29).

Die Initiative entwickelte sich im Kontext der Auswirkungen der Strukturanpassungsprogramme, die in Tansania während der 80er Jahre implementiert wurden und wie in vielen andern Ländern auch einschneidende Sparmaßnahmen im öffentlichen Sektor mit sich brachten. Wichtige öffentliche Dienstleistungen wie Gesundheitsversorgung und Bildung wurden plötzlich extrem gekürzt und gleichzeitig kam es im Zuge von Privatisierungen und Liberalisierungen zu massiven Entlassungen. Gleichzeitig war es eine Zeit, in der die Mehrheit der Zivilgesellschaft sehr an den Rand gedrängt wurde und nicht am Politik- und Budgetprozess teilnehmen konnte. Die Mehrheit der Frauen, Jugend und armen Männer waren nicht Teil der Diskussionen rund um die Strukturanpassungsprogramme (vgl. Rusimbi 2002, S. 2).

Hervorhebenswert ist die von Anfang an verfolgte Strategie, die Forschungsarbeiten in den einzelnen Sektoren in einem 3er Team zu organisieren, wobei jeweils eine Person von Seiten der Universität, der NGOs und der Regierung beteiligt war. Somit konnte das unterschiedliche Know How integriert werden – Insiderwissen von Seiten der Regierung, Forschungsmethoden und quantitative Techniken von Seiten der Wissenschaft sowie spezifisches Gender Know How, partizipative Techniken sowie Analyse der sozialen und gesellschaftlichen Auswirkungen von Politiken von Seiten der NGOs.

TGNP ist es trotz anfänglich großem gegenseitigen Misstrauen gelungen, guten Zugang in die relevanten Regierungsstrukturen und Entscheidungsgremien zu bekommen und wurde in der Folge auch des öfteren zu Konsultationen zu Fragen der wirtschaftspolitischen Entwicklung eingeladen. Nicht unerheblich für diesen Sinneswandel auf Seiten der Regierung war der Einfluss internationaler Geberorganisationen.

In **Großbritannien** (GB) engagiert sich seit 1989 die Women's Budget Group (WBG) – ein Think Tank von Akademikerinnen und Politikexpertinnen von Universitäten, Gewerkschaften und NGOs im Bereich Gender und Wirtschaftspolitik – für Gender Budgets. Jährlich werden Kommentare zu den Budgets erarbeitet und veröffentlicht.

Unter der konservativen Regierung hat die britische Women's Budget Group Kommentare zu den jährlichen Budgets erstellt, die vor allem als Hintergrunddokumentation für die Oppositionsparteien dienten. Seitdem die Labour Partei in der Regierung ist, hat die WBG mehr an Einfluss gewonnen. Dies ist einerseits auf direkte persönliche Kontakte, andererseits aber auch auf mehr Offenheit der Labour Regierung zurückzuführen. Es gibt direkte regelmäßige Kontakte mit der Regierung, insbesonders mit dem Finanzministerium.

In **Kanada** wurde bereits 1993 vom kanadischen Zweig der international tätigen Organisation Women's International League for Peace and Freedom (WILPF) ein Frauenbudget erarbeitet (vgl. WILPF 1993). Der Hintergrund der Analyse sind drastische Kürzungen von Sozialprogrammen und -dienstleistungen und Angriffe auf die Grundsätze der Universalität der Dienstleistungen sowie gleichzeitige Steigerungen der Militärausgaben. Der Abbau des Wohlfahrtsstaates, auch in Kanada insbesonders auf Kosten von Frauen und Kindern, ging einher mit einem Ausbau der militärischen Kapazitäten. Das kanadische Frauenbudget sollte diese einseitigen Prioritätensetzungen aufzeigen. Es widmet sich im Detail einzelnen Kategorien des Bundesbudgets, vor allem den wohlfahrtsstaatlichen Ausgaben und dem Verteidigungsbudget. Darauf aufbauend wird ein Budget gefordert, das die Bedürfnisse von Frauen widerspiegelt und der gesamten Gesellschaft zugute kommt. Ein zentrales Element des kanadischen Frauenbudgets ist ein alternatives Konzept von Sicherheit und Sicherheitspolitik. Die Initiative ist aber auch eingebettet in eine Ablehnung der derzeitigen Form der Globalisierung, verbunden mit Freihandel, Militarisierung und struktureller Anpassung, die als zerstörerisch für die Gemeinschaft, und insbesonders Frauen- und Kinderleben erlebt wird. Dementsprechend ist das Frauenbudget ein Beitrag zum Ziel der Organisation in Richtung einer internationalen Wirtschaftsordnung, die auf Befriedigung der Bedürfnisse aller Menschen beruht, zu wirken.

Diese Initiative war ein Schwerpunktprojekt von der WILPF Ortsgruppe in Ottawa aus Anlass ihres 75jährigen Bestehens. Zwei Jahre später hat WILPF in den USA ein ähnliches Projekt veröffentlicht.

3 Zielsetzungen von Engendering Budgets

Obwohl die Zielsetzungen von Initiativen geschlechtergerechter Budgetpolitik je nach länderspezifischem Kontext breit gestreut sind, zeigen sie deutliche Gemeinsamkeiten, die in Richtung Transparenz bezüglich Gender spezifischer Wirkungen von Budgetpolitik, Einflussnahme auf budgetpolitische Weichenstellungen sowie Sensibilisierung der Öffentlichkeit abzielen:

Es soll Aufmerksamkeit auf und Wissen über die genderspezifischen Wirkungen von Budgets und den zugrundeliegenden Politiken geschaffen werden.

Sowohl die Regierung und Verwaltung als auch die Öffentlichkeit sollen hinsichtlich der Auswirkungen budgetpolitischer Maßnahmen auf Frauen (und Männer) sensibilisiert und informiert werden.

Die Verteilung öffentlicher Ressourcen soll zugunsten der Frauen verändert werden, um die sozio-ökonomische Situation von Frauen zu verbessern und letztendlich mehr Gender Gerechtigkeit zu erreichen.

Dies kann als gemeinsamer Kern identifiziert werden, viele Initiativen gehen aber in einzelnen Aspekten weit darüber hinaus. Das Ziel einer breiten Information und Bildung von Frauen bzw. breiten Bevölkerungsschichten zu Fragen wirtschaftlicher und budgetpolitischer Zusammenhänge ist in vielen Initiativen verankert.

Engendering Budgets Initiativen stehen zwar im Konnex zur allgemeinen Forderungen nach einer Demokratisierung der Budgetpolitik, dieser Aspekt wird aber selten besonders betont. In einzelnen Projekten, z.B. Südafrika, wird auch explizit auf die Wichtigkeit einer Stärkung der relevanten AkteurInnen, wie ParlamentarierInnen in den zuständigen Komitees, AkteurInnen innerhalb der Regierung oder NGOs und andere zivilgesellschaftliche Initiativen bedacht genommen. In vielen anderen Projekten scheint diese Dimension zwar implizit mitberücksichtigt zu werden, findet aber nicht ausdrückliche Aufmerksamkeit.

In der Frage, welche Änderungen angestrebt werden, zeigt sich ein breites Spektrum. Während das kanadische Frauenbudget einen grundsätzlichen Umbau des staatlichen Handelns im Sinne einer Transformation des Systems in Richtung menschlicher Sicherheit für alle anstrebt, bleiben viele andere Initiativen auf der Ebene, Änderungen einzelner konkreter Politiken und Budgetallokationen, die besonders benachteiligende Effekte für Frauen zeigen, zu bewirken. Die Zielformulierung im Hinblick auf die erwünschten Veränderungen bleibt in der Regel recht vage. Es wird zwar mehr Chancengleichheit, bzw. Gleichstellung oder Gender Gerechtigkeit angestrebt, aber es fehlt an einer inhaltlichen Konkretisierung dieser allgemeinen Zielvorstellungen. Nur vereinzelt wird besonders Augenmerk auf die Einbettung der Budgetanalyse in den Kontext einer breiteren Analyse wirtschafts- und sozialpolitischer Strukturen gelegt. Besonders ausgeprägt ist dies bei der britischen WBG, die eine kritische Analyse und Veränderung des wirtschaftstheoretischen Rahmens, der implizit die Budgetarbeit und Wirtschaftspolitik leitet, anstrebt. Für die WBG ist eine vertiefte Debatte über die Gender Implikationen der Wirtschaftspolitik zentraler Bestandteil der Zielvorstellungen.

4 Herangehensweise und methodische Zugänge

Aus der Fülle der Ansätze werden im folgenden einige Aspekte herausgegriffen, die deutlich machen sollen, wie viele verschiedene Zugänge geschlechtsspezifische Aspekte von Budgets erschließen können.

In **Australien**, wie in praktisch allen nachfolgenden Initiativen auch, wurden nicht primär die explizit an Frauen gerichteten Budgetausgaben analysiert, sondern alle Programme und Ausgaben. Das wurde durch eine dreiteilige Kategorisierung explizit gemacht (vgl. Budlender, Sharp, Allen 1998, S. 10):

> Ausgaben, die speziell auf Frauen und Mädchen abzielen (z.B. Frauengesundheits- oder -beschäftigungsprogramme);
>
> Ausgaben für Gleichstellungsprogramme im öffentlichen Dienst (z.B. Mentoring Programme);
>
> Allgemeine oder Mainstream Ausgaben.

Die dritte Kategorie umfasst zweifelsohne den überwiegenden Teil des Budgets (in Australien sind es mehr als 99 % des Gesamtbudgets), aber gerade durch diese Kategorisierung wurde klargestellt, dass es generell um diese dritte Kategorie geht. Anhand dieser Einteilung ergibt sich auch eine Strukturierung für die entsprechenden Berichte zur Gender-Budget-analyse. Dieser konzeptionelle Rahmen einer Dreiteilung der Ausgaben wurde von zahlreichen nachfolgenden Initiativen übernommen. Die WB Analyse konzentrierte sich auf die Ausgabenseite. Einer Analyse der Einnahmenseite standen politischer Widerstand aber auch das Fehlen technischer Ressourcen entgegen.

In Australien musste jede Regierungsbehörde einen entsprechenden jährlichen Budget-Audit erstellen, in dem sie Rechenschaft über ihre Programme und Politiken abzulegen hatten. In der entwickeltsten Phase inkludierte dies:

> Prüfung und Bewertung der Politiken im Hinblick auf die Relevanz für die soziale und ökonomische Stellung von Frauen;
>
> Identifikation von Gender-spezifischen Indikatoren;
>
> Angabe der jeweiligen Ressourcen für einzelne Programme und Politiken;
>
> Angaben über geplante Änderungen in den kommenden Jahren.

Die Frage, wie Fortschritte gemessen werden können, ist von besonderer Bedeutung. In Australien wurden die Regierungsstellen aufgefordert, in ihrem Bereich Gender-disaggregiert Indikatoren zu entwickeln, um Entwicklungen über die Zeit nachverfolgen zu können. Das führte auch zur Verbesserung der Datenerhebungen.

Im Rahmen der **südafrikanischen WBI** Analyse, die bereits differenzierter vorgeht, sind vier Schritte zu unterscheiden:

Untersuchung über die Situation von Frauen/Mädchen bzw. Männern/Buben im jeweiligen Sektor. Gender disaggregierte Daten sind dabei von außerordentlicher Bedeutung, aber die Daten wurden weiters auch nach Alter, ethnischer Zugehörigkeit, Wohnort und Klasse disaggregiert.

Untersuchung, ob die Regierungspolitiken eine adäquate Antwort auf die Probleme sind, die in Schritt 1 identifiziert wurden.

Analyse, ob auch ausreichende Ressourcen zur Verfügung stehen, um Gender sensitive Politiken zu implementieren.

Untersuchung über die Effektivität des Ressourceneinsatzes im Hinblick auf die politischen Zielsetzungen; Darstellung möglicher neuer Prioritätensetzungen und Alternativen, soweit möglich mit Kostenschätzungen.

Insgesamt zeigt sich, dass die Arbeiten zu den einzelnen Budgetkapiteln zwar die Budgetdaten präsentieren und herunter brechen aber im wesentlichen in den einzelnen sektoriellen Kapiteln des WB eine Evaluierung der Politiken im Vordergrund steht (vgl. Budlender 1997, S. 35). Einerseits ist dies darauf zurückzuführen, dass oft Detailinformationen und Daten fehlen, andererseits bekennt Budlender aber auch selbstkritisch, dass auch die spezifischen Fähigkeiten bei der WBI zum Teil nicht vorhanden sind (vgl. Budlender 1997, S. 34).

Die Analyse einzelner Politikbereiche in **Südafrika** folgte durchaus unterschiedlichen Zugängen und zeigt damit auch die Vielfalt möglicher Wege einer Gender-sensitiven Analyse des Budgets auf. Dennoch gibt es eine Reihe von grundlegenden Fragen, die den Ausgangspunkt darstellen und in jedem Bereich relevant sind (vgl. Budlender 1996, S. 241ff):

Wieviel wird ausgegeben und wofür?

Wie werden die Dienstleistungen erbracht?

Wie stehen Ausgaben in Zusammenhang mit Leistungen durch Unternehmen, Freiwilligenorganisationen und anderen gemeinschaftlichen Gruppen?

Wie stehen mögliche Ausgaben im Zusammenhang mit der informellen und unbezahlten Zurverfügungstellung von Dienstleistungen durch Haushalte und Familiennetzwerke?

Wer profitiert in Bezug auf Zugang zu den Dienstleistungen?

Wer profitiert in Bezug auf Beschäftigung im öffentlichen Sektor?

Wie kann armen Frauen Zugang zu mehr Zeit, besserer Ernährung und Gesundheit sowie höherer Qualifikation ermöglicht werden?

Ähnlich werden, basierend auf dem Anliegen Frauen zu ermuntern, in bezug auf alternative Budgets und alternative Wirtschaftspolitik die Führung zu übernehmen, im Rahmen des **US Women's Budget** Projektes von WILPF grundlegende Fragestellungen formuliert, die klarmachen sollen, um welche Schlüsselfragen es im Zusammenhang mit der Budgetarbeit geht (vgl. WILPF oJ, S. 1):

Woher kommt das Geld?

Wofür wird es verwendet?

Wer entscheidet?

Wer trägt bei?

Wer profitiert?

Welche Politiken beeinflussen die Verteilung der Ressourcen (und sichern den Status Quo)?

Was wollen wir?

Wie sehen die effektivsten Strategien aus, um unsere Ziele zu erreichen?

Die **britische WBG** wiederum ist in Bezug auf die theoretische Fundierung durch feministische Makroökonomie weit fortgeschritten. Sie hat einige Prinzipien für die Durchführung von genderpolitischen Folgenabschätzungen (Gender Impact Assessment) herausgearbeitet (vgl. Rake 2002 und Himmelweit 2001), anhand derer deutlich wird, dass die WBG bei der Analyse einzelner Politikbereiche einen breiten Ansatz verfolgt, der die Grenzen der traditionellen makroökonomischen Theorien und Modelle sprengt:

Die Analyse muss sowohl direkte Verteilungseffekte bezüglich Gender untersuchen als auch weiterführende Auswirkungen auf das Verhalten von Frauen und Männern;

Einbeziehung einer Analyse längerfristiger Auswirkungen von Politiken;

Analyse der Auswirkungen sowohl auf Individuen als auch auf Haushalte;

Einbeziehung der Analyse unbezahlter Arbeit, vor allem der Versorgungsarbeit (Care Economy) und deren Rückwirkungen auf die bezahlte Ökonomie;

Unterschiedliche Reaktionen von Frauen und Männern auf Anreizmechanismen;

Auswirkungen von Politiken auf Gender Normen und Rollen.

Die Einbeziehung unbezahlter Arbeit in die Analyse war auch für die **südafrikanische WBI Initiative** ein wichtiges Element. Frauen und Männer werden nicht als homogene Gruppe angesehen, sie erfüllen unterschiedlichste Rollen im Alltag und im Laufe ihres Lebens. Im Rahmen der Vorbereitungen zur Durchführung der Analyse wurden diese Rollen identifiziert und in drei Kategorien eingeteilt. Dies trug in der Folge dazu bei, die vielfältigen Beiträge von Frauen, die möglichen Trade-Offs und Widersprüche zwischen diesen Rollen zu identifizieren (vgl. Krafchik 1998, S. 5):

> Reproduktive Rollen (Empfängerin von Dienstleistungen, von Transfers, Versorgende etc.);
>
> Produktive Rollen (Lohnempfängerin, Steuerzahlerin, Nutzerin von Technologie, Person mit Zugang zu Kapital etc.);
>
> Rollen in der Gemeinschaft (politische Bürgerin, Opfer/Überlebende von Gewalt, Mitglied einer bestimmten, Rasse, Altersgruppe, Wohnort etc.).

In **Tansania** – wie auch in anderen Ländern - wurden nicht nur die sektoriellen Politiken untersucht, sondern auch der Planungs- und Budgetprozess in den jeweiligen Sektoren. So hat die Gender Budget Initiative Gender Gaps im gesamten Budgetprozess identifiziert, beginnend mit der Zusammenstellung der Richtlinien über die Identifikation der Prioritäten und die Festlegung der Budgetziele. Dabei wurde herausgearbeitet, wie undemokratisch und männerdominiert der Budgetprozess ist. Gezeigt wurde, dass der Top-down Ansatz der Budgetierung Korruption auf allen Ebenen fördert. Die Politiken sind großteils an den Bedürfnissen von Männern ausgerichtet; viele der Politiken sind „blind“ in Bezug auf ihre Auswirkungen auf Menschen insgesamt bzw. auf Frauen im speziellen (vgl. Rusimbi 2001).

Die GBI in Tansania befasst sich auch mit dem wirtschaftlichen und politischen Kontext. So wurde die Bedeutung des makroökonomischen Umfeldes als jene Ebene „which has the power of making things happen“ (Rusimbi 2002, S. 10) analysiert. Die Implementierung der Strukturanpassungsprogramme wurde als Gender-unfreundliches makroökonomisches Umfeld thematisiert und herausgearbeitet, welche Implikationen dies auf konkrete Politiken hat. Die Liberalisierung der Wirtschaft hat zu einer reduzierten Rolle des Staates geführt und zu einem schrumpfenden Staatsbudget. Ein Großteil des Budgets wird für Personalkosten aufgewendet, wovon wenige Männer profitieren: „Given the fact that men occupy top-level positions in all organs of the state, it follows that the government budget is essentially benefiting the few men who also control the decision-marking process.“ (vgl. Rusimbi 2002, S. 10)

Zentraler Bestandteil des **kanadischen Women's Budget** ist eine Kritik des gegenwärtigen Sicherheitskonzeptes. Für die überwältigende Mehrheit der Menschen auf dieser Welt wäre das größte Sicherheitsrisiko vielmehr die Bedrohung des Überlebens durch die gegenwärtige Weltordnung, die die grundlegenden menschlichen Bedürfnisse nicht zufrieden stellt (vgl. WILPF 1993, S. 3).

Das im kanadischen Frauenbudget entwickelte Sicherheitskonzept steht in engem Zusammenhang mit dem von der UNO seit 1994 verwendeten Begriff der „menschlichen Sicherheit“. Damit reagiert die UNO auf die zunehmende Unsicherheit in der sozialen und privaten Versorgung im Zusammenhang mit der ökonomischen Globalisierung und der Privatisierung von öffentlichen Gütern. Das betrifft viele Sphären, wie Zugang zu Bildung, Gesundheit, finanzielle Stabilität, intakte Umwelt, Armutsbekämpfung, Arbeitsmarkt- und Beschäftigungssicherheit, Einkommenssicherheit, Schutz gegen häusliche Gewalt und Kriegsgewalt aber auch Nahrungssicherheit (vgl. Deutscher Bundestag 2002, S. 318f).

WILPF definiert das Thema Sicherheit aus der Lebensperspektive von Frauen. Frauen erleben im täglichen Leben Angriffe auf ihre soziale, wirtschaftliche und physische Sicherheit. Für viele Frauen gibt es einen Bruch zwischen ihren Bedürfnissen und den angebotenen Programmen und Leistungen. Sicherheit bedeutet darüber hinaus in der breiten Definition des kanadischen Women's Budget aber auch, eine Stimme zu haben und gehört zu werden. Ausgehend davon analysiert das Women's Budget die konkreten Bedrohungen der Sicherheit von Frauen in unterschiedlichen Lebensbereichen. Das Frauenbudget widmet sich aufbauend auf dieser Diskussion im Detail einzelnen Kategorien des Bundesbudgets, vor allem den Sozialausgaben und dem Verteidigungsbudget, aber auch der Entwicklungszusammenarbeit und Umweltfragen.

Die illustrative Darstellung von Trade Offs, d.h. alternativen Verwendungsmöglichkeiten der budgetären Mittel, bildet einen wesentlichen Teil der Vorschläge für konkrete Änderungen der politischen Prioritäten. Damit soll anschaulich zum Ausdruck gebracht werden, dass die Ressourcen vorhanden sind und es nur eine Frage der politischen Präferenzen ist. So enthält die Gegenüberstellung der Kosten beispielsweise folgende Posten:

> Kosten für die Bombardierung des Irak im Golfkrieg 690 Mio. CAD oder Finanzierung von sozialem und kooperativem Wohnen.
>
> Jährliche Ausgaben für Munition und Bomben 200 Mio. CAD oder Finanzierung für 285 Zentren für Betroffene von sexueller Gewalt.
>
> 5,8 Mrd. CAD für Helikopter[1] oder Finanzierung eines nationalen Tagungsbetreuungsprogrammes und Eliminierung von Kinderarmut.
>
> Ausgaben für ein Logo für das Brighter Futures Programm[2] 50.000,- CAD oder Essen für 2.000 Leute ein Jahr lang in einer „*Food Bank*" (öffentliches Ernährungsprogramm).

5 Strategische Überlegungen und Weichenstellungen

Die Wahl der politischen Strategien hängt zunächst sehr stark davon ab, welche AkteurInnen in der Initiative involviert sind.

5.1 Projekte auf Regierungsebene

Australien, ein Land, in dem die Regierung alleine für die Durchführung der Women's Budgets verantwortlich zeichnete, bietet eine Fülle an Lehren bezüglich der Faktoren einer erfolgreichen Implementierung von Engendering Budgets auf Regierungsebene, zeigt aber auch Grenzen und Stolpersteine auf. Zentral für die erfolgreiche Etablierung der Women's Budgets innerhalb der australischen Regierung und langjährige Übung war die Etablierung gut entwickelter Frauennetzwerke in der Verwaltung mit enger Verbindung zur politischen Ebene (vgl. Sharp 2000, S. 3ff). Das Office of the Status of Women (OSW) nutzte seine einflussreiche Stellung innerhalb der Regierung zunächst dazu, die Unterstützung für die Idee des Women's Budgets durch gezieltes Lobbying auf allen Ebenen, sowohl in der Verwaltung als auch bei den politischen EntscheidungsträgerInnen zu bekommen. Das OSW als zentrale Koordinierungsstelle wurde dabei von einem Netzwerk von spezialisierten Frauenabteilungen in den einzelnen Ressorts und Behörden unterstützt.

Diese institutionellen Arrangements stellen die Machtbasis für die Integration von Gender Fragen in den Budgetprozess dar. Es muss aber auch angemerkt werden, dass die starke Rolle der Femokratinnen innerhalb der Regierung zumindest indirekt zu einer Schwächung einer breiten Beteilung von außen beitrugen (vgl. Sharp 2000, S. 4). So kam ihnen eine doppelte Rolle zu, einerseits als InitiatorInnen andererseits als HüterInnen der Kontinuität.

Die auf administrative Logik aufgebaute Machtbasis der *femocrats* führte aber auch dazu, dass Mitte der 90er Jahre in Zeiten restriktiver Budgets und Hinwendung zu neoliberalen Politiken der Einfluss mit administrativen Mitteln radikal eingedämmt werden konnte. Das Ende der Women's Budgets auf Bundesebene ging einher mit radikalen Budgetkürzungen des OSW (minus 40 %) und langen Verzögerungen bei der Neubestellung der Leitung.

Die Grenzen eines Regierungsprojektes liegen vor allem darin, dass Regierungen naturgemäß dazu neigen, ihre Arbeit zu beschönigen und Problemfelder zu vernebeln. Mit der Zeit droht auch zunehmend die Gefahr, in eine formalisierte Routine abzugleiten. Gerade im Hinblick auf das Ziel einer weitreichenden Veränderung der wirtschaftspolitischen Prioritäten wird das selbstkritische Potential innerhalb der Regierung nicht ausreichen, um die nötigen Veränderungen in Gang zu setzen. Es bedarf vielmehr eines starken Lobbying von außen. Der Druck von außen hat vielfältige Funktionen. Einerseits geht es um die Kontinuität der Analyse mit dem nötigen Tiefgang und um die Zurverfügungstellung ausreichender Ressourcen um die entsprechenden Instrumentarien und Daten zu entwickeln andererseits aber geht es um die Frage der Umsetzung der Erkenntnisse.

5.2 Zum Verhältnis von Regierung und NGOs

In vielen Ländern wird auf die Beeinflussung des politischen Prozesses über direkte Kontakte zur Regierung bzw. Verwaltung gesetzt. Die **britische WBG** erfuhr mit dem Wechsel von der konservativen Regierung hin zur Labour Regierung einen bedeutenden Wandel der Handlungsmöglichkeiten und somit auch der politischen Strategien. Während in der Zeit der konservativen Regierung die Rolle einer kritischen Stimme von außen, in Kooperation mit der Opposition, eingenommen wurde, bietet die derzeitige Labour Regierung Möglichkeiten der direkten Kontaktaufnahme. Sowohl vor als auch nach dem Budgettag gibt es Treffen mit Beamten aus dem Finanzministerium, in denen Kommentare zu wichtigen Politiken eingebracht und neue Vorschläge gemacht werden. Mit Hilfe der Women's National Comission wurden der Konsultationsprozess mit dem Finanzministerium gewissermaßen institutionalisiert (vgl. Elson 2002, S. 1). Es gibt zumindest mehrere Treffen jährlich, bei denen neben dem jährlichen Budget auch andere Fragen von wirtschaftspolitischer Relevanz behandelt werden.

Obwohl diese Strategie der engen Zusammenarbeit auf hochrangiger politischer und administrativer Ebene zu Erfolgen geführt hat, zeigen sich deutliche Grenzen (vgl. Himmelweit 2000, S. 5f). Es besteht die Gefahr einer Vereinnahmung. Die Kontakte und Einbeziehung von Regierungsseite kann leicht auch nur zur Politur an der Oberfläche verwendet werden, indem auf mögliche Kritikpunkte eingegangen wird, ohne die Politiken grundlegend zu ändern (vgl. Himmelweit 2001, S. 24). Gleichzeitig bringt der Konsultationsprozess aber auch eine gewisse Dynamik mit sich, im Zuge derer es schwieriger wird, angefragte Expertise gänzlich zu ignorieren. Der praktizierte Fokus auf die Regierung und die Abhängigkeit von deren Bereitschaft zur Konsultation bringt auch Verwundbarkeit der WBG mit sich. Der derzeitige Einfluss der WBG hängt in großem Maße von der gegenwärtigen Regierung ab. Eine andere Regierungskonstellation würde u. U. die Konsultation nicht fortsetzen und damit müssten ganz neue Strategien und Taktiken gefunden werden, um die Arbeit fortzusetzen (vgl. Himmelweit 2000, S. 27f).

Viele zivilgesellschaftliche Initiativen werden als Pilotprojekte konzipiert, mit dem Ziel einer Übernahme der Arbeit durch die Regierung. Dies gelingt in unterschiedlichem Ausmaß. In Südafrika beispielsweise war Herausgeberin der Women's Budgets, Debbie Budlender, auch einige Zeit im Rahmen des Pilotprojektes des Commonwealth Sekretariates mit der Regierung im Finanzministerium beschäftigt, um das spezifische Know How im Ministerium zu erhöhen. Allerdings mit begrenztem Erfolg, Budlender berichtet, dass die Regierungsinitiativen „either dormant or dead" (Budlender 2002, S. 139) sind. Für die Frage einer gelungenen Übernahme zivilgesellschaftlicher Projekte durch die Regierung sind sicherlich viele Faktoren von Relevanz. Im südafrikanischen Fall wird als ein direkter Faktor für das mangelnde Engagement der Regierung der Abgang von Schlüsselpersonen genannt.

In Tansania ist die Übernahme der Initiative geglückt. Eine wichtige Rolle bei der Initiierung des Regierungsprojektes spielten internationale Geberorganisationen, die auch die Kluft zwischen NGOs und Regierung verringern halfen und sich dafür einsetzten, dass die tansanische NGO als Konsulentin vom Finanzministerium in Gender Budget Fragen beigezogen wurde. Andererseits wurde aber auch bereits von Beginn an besonderer Wert auf das Schaffen von Allianzen mit der Regierung Wert gelegt, was sicherlich für die Zusammenarbeit förderlich war.

In Großbritannien hingegen gab es trotz grundsätzlicher Offenheit der Regierung bislang keine Erfolge hinsichtlich einer Implementierung auf Regierungsebene. Abgesehen von der Absenz internationaler „FürsprecherInnen“ gibt es auch kein ausgeprägtes öffentliches Interesse, das die Regierung in diese Richtung verpflichten könnte.

Im Gegensatz dazu sind die Arbeiten im Rahmen der WILPF zwar an die Regierung gerichtet, aber es wird keine Form der Zusammenarbeit gesucht. Vielmehr geht es darum, mittels Informationen des Women's Budget einer breiten Bevölkerung wirtschafts- und budgetpolitische Zusammenhänge näher zu bringen. Die Bevölkerung soll auf dieser Grundlage aktiv werden, einerseits in der Verbreitung der Informationen, andererseits aber in direkten Kontakten mit den Abgeordneten und über andere Formen der Arbeit in der Öffentlichkeit. Dementsprechend wurde WILPF in den 90 Jahren in der USA und in Kanada insbesonders vor den Wahlen aktiv, um die Bevölkerung zu mobilisieren. Das Women's Budget Projekt der WILPF wurde in Kooperation mit zwei weiteren feministischen Organisationen, der Feminist Majority Foundation und der Women's Actions for New Directions durchgeführt. Das Projekt bietet auch Workshops über Budgets (*Budget Literacy*) und über mögliches Engagement (*Action Training*) für interessierte Gruppen an.

5.3 Bedeutung von Netzwerken und Allianzen

Die Bildung von Netzwerken und Allianzen von Frauen in unterschiedlichen Positionen, wie Parlament, Regierung, Administration, Wissenschaft bzw. Zivilgesellschaft hat große Bedeutung für den Erfolg von Projekten.

In **Tansania** gründet die Gender Budget Initiative auf einer strategischen Partnerschaft zwischen Zivilgesellschaftlichen Organisationen und ParlamentarierInnen (vgl. Byanyima 2001, S. 5). Das Schmieden von Koalitionen und Allianzen war von Beginn an die Hauptstrategie von TGNP zur Umsetzung der GBI (vgl. Budlender 2001, S. 30). Es wurde Wert darauf gelegt, dass die anfängliche Planung gemeinsam mit gleichgesinnten NGOs und Gender Organisationen vonstatten ging. Aus einer Reihe von gemeinsamen Workshops und Planungstreffen ging die Konzeption einer mehrjährigen Kampagne hervor, wobei Strategien rund um den Fokus einer Einflussnahme auf die zentralen Politiken, Strukturen und Akteure in Regierung, Parlament und Zivilgesellschaft entworfen wurden.

Hervorhebenswert ist auch der in Tansania von Anfang an verfolgte Zugang, die Forschungsarbeiten in den einzelnen Sektoren in einem 3er Team zu organisieren, wobei jeweils eine Person von Seiten der Universität, der NGOs und der Regierung beteiligt war. Somit konnte das unterschiedliche Know How integriert werden – Insiderwissen von Seiten der Regierung, Forschungsmethoden und quantitative Techniken von Seiten der Wissenschaft sowie spezifisches Gender Know How, partizipative Techniken sowie Analyse der sozialen und gesellschaftlichen Auswirkungen von Politiken von Seiten der NGOs. Damit konnte auch Zugang zur Regierung in einer Situation geschaffen werden, die anfänglich von großem Misstrauen geprägt war. Vor allem aber ist dies Teil der Gesamtstrategie, die darin bestand, die SchlüsselakteurInnen zu erreichen, Öffnungen zu schaffen und Allianzen zu schmieden.

Eine wichtiges Element der Strategie der **südafrikanischen WBI** ist die Vernetzung von Parlamentarlerinnen mit WissenschafterInnen und AkteurInnen der Zivilgesellschaft. So soll die Expertise in einzelnen Fachbereichen möglichst effektiv für die Arbeit im politischen Prozess erschlossen werden. Die WBI Initiative richtet sich im Besonderen an zivilgesellschaftliche AktivistInnen und ParlamentarierInnen, um ihnen im politischen Prozess Unterstützung zu bieten. Es wird angestrebt, diesen eine umfassende, kritische Analyse für ihre Arbeit und spezielle Informationsunterlagen für die Behandlung einzelner Kapitel in den Ausschüssen zur Verfügung zu stellen.

5.4 Strategischer Aufbau von Gender Budgeting Expertise

Angesichts dessen, dass in Südafrika die Zivilgesellschaft nach Ende der Apartheid wenig Erfahrung mit politischer Arbeit und der Analyse von Budget sowie dem Budgetprozess hatte, war es für WBI besonders wichtig, Expertise in der Gender-spezifischen Budgetanalyse aufzubauen. Expertinnen in einzelnen Fachgebieten und Genderfragen gibt es in der Zivilgesellschaft viele, oft fehlen allerdings spezifische Budget- und Finanzkenntnisse. Diese Lücke wurde systematisch durch Schulungen und Begleitung während der Forschungsarbeiten geschlossen. Die Trainingsaktivitäten, die die Erarbeitung der südafrikanischen Women's Budgets begleiten, zielen darauf ab, einen möglichst breiten Kreis an ExpertInnen in Gender Budgetanalyse heranzubilden. Es wurde auch eine Referenzgruppe aus ExpertInnen in den einzelnen Sektoren aus Zivilgesellschaft, Verwaltung und Parlament gebildet. In dieser Gruppe wurden die Forschungsarbeiten begleitet und intensiv diskutiert. So entstand gleichzeitig parallel eine weitere Gruppe, die die Umsetzung der Vorschläge des WB bei ihrer Arbeit in- und ausserhalb der Regierung unterstützen konnte. Durch genaue Kenntnis der Forschungsarbeiten wird es diesen Personen erleichtert, in ihrer laufenden Arbeit in Verwaltung oder Zivilgesellschaft, die Ergebnisse der WB Analyse in den politischen Prozess einfließen zu lassen.

5.5 Öffentlichkeitsarbeit

Öffentlichkeitsarbeit zeigt sich in den unterschiedlichsten Kontexten als essentiell, um eine möglichst breite Aufmerksamkeit und Unterstützung für die Aktivitäten zu bekommen. Die Veröffentlichung des südafrikanischen WB wird regelmäßig von einer öffentlichen Veranstaltung begleitet, zu der VertreterInnen von Regierung, Verwaltung, Zivilgesellschaft und Parlament eingeladen werden. Das WB wird breit verbreitet, sowohl an politische EntscheidungsträgerInnen als auch an zivilgesellschaftliche Organisationen. Die Vorstellung des WB wird auch von einem eintägigen

Trainings-Workshop begleitet. Die Öffentlichkeitsarbeit bezieht auch die Medien mit ein. Es werden tiefergehende Analysen erstellt, die oft in nationalen Zeitungen aufgegriffen werden. Besonderes Augenmerk legt die WBI auch auf die Berichterstattung in lokalen Radiosendungen, die von lokalen AktivistInnen gehört werden.

6 Abschließende Bemerkungen

Dieser Beitrag greift aus der Fülle an Beispielen und Erfahrungen einige wenige heraus. Die Analyse zeigt, dass Engendering Budgets in jedem Fall ein komplexes Unterfangen ist. Viele Elemente tragen zu einem nachhaltig erfolgreichen Projekt bei, u. a. die Entwicklung von entsprechender Expertise und deren breite Streuung, ausreichende Ressourcen (Zeit, Geld, engagierte Frauen), langfristige strategische Planung, strategische Allianzen mit AkteurInnen aus den verschiedensten Gesellschaftsbereichen, Schaffung einer breiten Basis und Unterstützung von Seiten der Zivilgesellschaft und Bevölkerung und vor allem ein langer Atem.

Es trägt aber das Potential in sich, den derzeitigen Trend zur Entpolitisierung von Frauenpolitik, beschleunigt durch die gegenwärtige Gender Mainstreaming und die Verschleierung frauenpolitischer Auswirkungen von politischen Programmen zu stoppen. Engendering Budgets beinhaltet politische Sprengkraft. Potentiell stellt es ein Instrumentarium zur Bündelung und Fokussierung frauenpolitischer Anliegen und Forderungen dar. Eine konsequente, von breiter Unterstützung getragene Implementierung könnte Engendering Budgets somit zu einem neuen Brennpunkt für die Frauenbewegung in ihrem Verhältnis zum Staat machen.

Endnoten

[1] Der Kauf von 50 Helikoptern war zur Zeit der Erstellung des Frauenbudgets in Kanada besonders umstritten. Laut Gallup Umfragen waren 68 % der KanadierInnen gegen den Ankauf. In Zeiten des kalten Krieges waren Helikopter in der anti-sowjetischen U-Boot Aufklärung eingesetzt, daher wurde deren Notwendigkeit in der Zeit danach bezweifelt. (vgl. WILPF 1993, S. 14f)

[2] Brighter Futures ist der Name eines 1992 beschlossenen Aktionsplanes zur Bekämpfung der Kinderarmut in Kanada, der das bisherige universelle System der Familienunterstützung ersetzt. IPLF 1993 zeigt, dass das neue Programm zu niedrigeren Zahlungen und somit beträchtlichen Einsparungen für die Regierung führt. Die Einführung des neuen Aktionsprogramms wurde von einer massiven Werbekampagne der Regierung begleitet, für die insgesamt 500.000 Mio. CAD ausgegeben wurden.

Literatur

(*) weiterführende Literatur

Budlender, Debbie (1996) (Hrsg.): The Women's Budget, IDASA, Cape Town.

Budlender, Debbie (2000): The Political Economy of Women's Budgets in the South. In: World Development, Vol. 28, Nr. 7, S. 1365-1378.

Budlender, Debbie (2001): Review of gender budget initiatives, unveröffentlichte Studie im Auftrag des Commonwealth Secretariat, UNIFEM und IDRC.

Budlender, Debbie (2002): A Profile of Country Activities. In: Budlender, Debbie; Elson, Diane; Hewitt, Guy; Mukhopadhyay, Tanni (2002), S. 131-164.

(*) Budlender, Debbie; Elson, Diane; Hewitt, Guy; Mukhopadhyay, Tanni (2002): Gender Budgets Make Cents. Understanding gender responsive budgets, Commonwealth Secretariat, London. http://www.gender-budgets.org.

Budlender, Debbie; Sharp, Ronda; Allen, Kerri (1998): How to do a gender-sensitive budget analysis: Contemporary research and practice. Commonwealth Secretariat, London.

Byanyima, Winnie (2000): Strengthening Parliamentary Governance through Gender Budgeting: the Experience of Three African Countries, Papier präsentiert beim

International Workshop on Gender Auditing of Government Budgets, Rom, September 2000.

(*) Commonwealth Secretariat (1999): Gender Budget Initiative, A Commonwealth Initiative to Integrate Gender into National Budgetary Processes, zusammengestellt von Guy Hewitt und Sabhita Raju, London.

Deutscher Bundestag (2002): Abschlußbericht der Enquete-Kommission „Globalisierung der Weltwirtschaft – Herausforderungen und Antworten", Berlin. http://www.bundestag.de/gremien/welt/index.html, 23.10.2002.

(*) Elson, Diane (1999): Gender Budget Initiative, Commonwealth Secretariat, London.

(*) Elson, Diane (2000): Gender Budget Initiatives as an aid to Gender Mainstreaming, Paper, Ministerial Conference on Gender Mainstreaming, Competitiveness and Growth, OECD, Paris, 23-24 November 2000.

(*) Elson, Diane (2001): Gender Responsive Budget Initiatives: Some Key Dimensions and Practical Examples, Paper, UNIFEM/OECD/Nordic Council Konferenz "Towards Gender Responsive Budgeting", 16./17.10.2001, Brüssel, http://www.gender-budgets.org.

Elson, Diane (2002): The UK Women's Budget Group, Konferenz Paper, 19./20.2.2002, Berlin.

(*) Frauenrat und Gleichstellungsbüro Basel Stadt (2002): Gender-Balance – Equal Finance, Dokumentation einer Fachtagung von Frauenrat Basel-Stadt und Gleichstellungsbüro Basel-Stadt am 19.3.2002, Basel.

(*) Hewitt, Guy (2001): Gender Responsive Budget Initiatives: Tools and Methodology, Paper, UNIFEM/OECD/Nordic Council Konferenz "Towards Gender Responsive Budgeting", 16./17.10.2001, Brüssel, http://www.gender-budgets.org.

Himmelweit, Susan (2000): The experience of UK Women's Budget Group, unveröffentlichtes Paper, International Workshop on Gender Auditing of Government Budgets, Rom, 15-16 September 2000.

Himmelweit, Susan (2001): Tools for Budget Impact analysis: taxes and benefits, Paper, UNIFEM/OECD/Nordic Council Konferenz "Towards Gender Responsive Budgeting", 16./17.10.2001, Brüssel, http://www.gender-budgets.org.

(*) Himmelweit, Susan (o.J.): The need for gender impact analysis, Paper, Women's Budget Group, http://www.unison.org.uk/polres/himmel.htm, 9.5.2001.

(*) Klatzer, Elisabeth (2002): Engendering Budgets. Ein wichtiger Beitrag zur Demokratisierung der Wirtschaftspolitik und ein zentrales Instrument einer umfassenden Gender-Mainstreaming Politik, In: Kurswechsel, 1/2002, Wien, S. 78-89.

Krafchik, Warren (1998): The South African Women's Budget Initiative as an Advocacy Instrument, Paper, UNIFEM Workshop, Engendering Budgets: The Southern African Experience, 9-10 November 1998, Harare, http://www.idasa.org.za/final/publications/Advocacy.htm.

Rake, Katherine (2002): Gender Budgets: The Experience of UK's Women's Budget Group, in: Frauenrat (2002), S. 14-20.

Rusimbi, Mary (2001): A case study on strategies for transforming and mainstreaming gender into national planning and budgeting processes & macro-economic policies in Tanzania. The case of gender budget initiative (GBI), Tanzania Gender Networking Programme, UNIFEM/OECD/Nordic Council Konferenz "Towards Gender Responsive Budgeting", 16./17.10.2001, Brüssel, http://www.gender-budgets.org.

Rusimbi, Mary (2002): The case of the Gender Budget Initiative (GBI), Tanzania Gender Networking Programme, http://www.tgnp.co.tz.

Sharp, Rhonda (2000): Gender Budgets: The Australian Experience, Papier präsentiert beim International Workshop on Gender Auditing of Government Budgets, Rom, September 2000.

(*) Sharp, Rhonda (2000b): The Economics and Politics of Auditing Government Budgets for their Gender Impacts, Hawke Institute Working Paper Series, Nr. 3, Magill, Australien, http://www.unisa.edu.au/hawke/institute/resources/Working%20paper%203.pdf.

(*) TGNP (1999): Budgeting with a Gender Focus, Tanzania Gender Networking Programme, Dar es Salaam.

UNIFEM (2000): Progress of the World's Women, New York.

WILPF (1993): The Canadian Women's Budget, Women's International Leage for Peace and Freedom, Ottawa Branch, Ottawa.

Women's International Leage for Peace and Freedom/WILPF (o.J.): Women's Budget Project, http://www.wilpf.org/women/budget.htm.

„L'état c'est lui" – Budget-Entwürfe feministischer Theorien

Gabriele Michalitsch

Das berühmte Diktum Louis XIV „L'état c'est moi"[1] verweist nicht nur auf die Identität des absoluten Herrschers mit dem Staat, es verdeutlicht auch die Repräsentation des Staates im Staatshaushalt und die Unterordnung der Ökonomie, Quelle staatlicher Einnahmen, unter dessen Herrschaftsanspruch. Das Budget stellt folglich *die* Schnittstelle zwischen Staat und Ökonomie dar, der sich Schumpeters Urteil verdankt, dass „der unmittelbar formende Einfluss der Finanzbedürfnisse und der Finanzpolitik des Staates (...) in manchen Geschichtsperioden so ziemlich alle großen Züge der Dinge" erklärt (Schumpeter, zit. nach Bauer, Matis 1988, S. 226).

Öffentliche Finanzen koppeln Staat und Ökonomie aneinander und legen deren Verhältnis in Form von Einnahmen und Ausgaben fest. In der Gestaltung dieses Verhältnisses liegt, zentriert um die Frage nach Aufgaben und Grenzen staatlicher Macht, einer der wesentlichen politischen Konflikte der Moderne. Folglich stellen Staatsbudgets nicht nur – neben Ge- und Verboten – ein wesentliches Instrument politischer Regulation dar, sondern reflektieren historisch gewachsene politökonomische Strukturen einer Gesellschaft und deren Machtverhältnisse. An budgetären Entwicklungen lassen sich langfristige Veränderungen der Relation von Staat und Ökonomie, Tendenzen politökonomischen Wandels und Verschiebungen gesellschaftlicher Kräfteverhältnisse ablesen.

Engendering budgets trachten in den letzten Jahren vorgelegte feministische Analysen[2] öffentlicher Budgets, geschlechtliche Strukturierung und Wirkungsweise öffentlicher Einnahmen und Ausgaben sichtbar zu machen, um budgetäre Mechanismen in der Formation von Geschlecht zu decouvrieren und Staatshaushalte letztlich zu demokratisieren. So werden Einnahmen und Ausgaben den Geschlechtern zugewiesen, unterschiedlicher Nutzen öffentlicher Leistungen für Frauen und Männer erwogen, Ausgaben für Gleichstellungspolitik analysiert oder budgetäre Auswirkungen auf Erwerbsarbeit, unbezahlte Arbeit und Zeitverwendung von Frauen und Männern abgeschätzt.

An diesen Fragestellungen manifestiert sich ein dem Mainstream feministischer Theorie entsprechendes, Geschlechterdifferenzen als soziale Ungleichheiten fassendes Verständnis von Geschlecht als Gender, als soziale Kategorie. Implizit betrachten gender-theoretische Ansätze Staatshaushalte als patriarchal gestaltetes, jedoch neutralisierbares Herrschaftsinstrument. Feministische Budgetanalyse dient in dieser Perspektive der Erfassung geschlechtsspezifischer Wirkungen monetärer Ströme, der Präzisierung von Machtmechanismen und deren Effekten. Engendering bedeutet in gender-theoretischem Kontext folglich, inhärente Geschlechtsspezifika von Einnahmen und Ausgaben offenzulegen, während bestehende politökonomische Rahmenbedingungen, gegebene budgetäre Kategorien und Denkweisen, grundsätzliche, von ihrer spezifischen Gestaltung unabhängige Maskulinismen öffentlicher Budgets unangetastet bleiben.

Diese Blindstellen aktueller feministischer Budgetanalysen resultieren aus ihrer impliziten Konzeptualisierung von Geschlecht. Differenztheoretische oder konstruktivistische Modellierungen von Geschlecht hingegen gehen mit divergierenden Annäherungen an Staatshaushalte einher, die Erweiterungen budgetanalytischer Fragestellungen ermöglichen. Im folgenden werden Grundzüge gender-theoretischer, differenztheoretischer und konstruktivistischer Definitionen von Geschlecht einander gegenübergestellt, mit diesen einhergehende Perspektiven auf Budgets skizziert und schließlich Ansatzpunkte konstruktivistischer Budgetanalyse entwickelt.

1 Geschlechter-Konzeptionen

Die scheinbare Eindeutigkeit des Begriffs Geschlecht, der zwei gesellschaftliche Gruppen, Männer und Frauen, konstituiert, ist längst einer labyrinthischen Vieldeutigkeit gewichen. Die Vielzahl der Stimmen im Diskurs um die Bestimmung von Geschlecht – etwa als Ideologie, Symbolsystem, Machtdifferenz oder gesellschaftliches Ordnungsprinzip – wird hier vereinfachend auf gender-theoretische, differenztheoretische und konstruktivistische Ansätze reduziert (vgl. Fox Keller, Longino 1996; Rosenberger 1996; Waniek, Stoller 2001).

Ausgehend von der Frage nach dem Subjekt des Feminismus kreist die Auseinandersetzung um eine Bestimmung der Kategorie Geschlecht seit den siebziger Jahren um die Unterscheidung von biologischem Geschlecht, Sex, und sozialem Geschlecht, Gender. Während der Begriff Sex anatomische, hormonale und genetische Unterschiede der Geschlechter bezeichnet, repräsentiert Gender[3] einen durch geschlechtsspezifische Zuweisungen erworbenen Status.

Die gender-theoretische Fassung von Geschlecht als gesellschaftliche Konstruktion und historisches Produkt wendet sich gegen biologischen Determinismus und Naturalisierung von Geschlechterdifferenzen, begreift diese als relationales gesellschaftliches Phänomen und eröffnet neue Geschlechter-Arrangements, indem es mit der begrifflichen Unterscheidung von „Natur" und „Kultur" bestehende Geschlechterhierarchien der Kritik zugänglich macht (vgl. Showalter 1989).

Differenztheorien wenden sich gegen die mit der Trennung von Sex und Gender verbundenen Spaltung des Subjekts sowie gegen die Ausgrenzung und Verdrängung von Körperlichkeit. Von einer an „die Natur" gebundenen Geschlechtsidentität ausgehend, letztlich mit stereotypen Imaginationen von Weiblichkeit konvergierend, suchen sie „authentische" Unterschiede der Geschlechter, deren essentiell-ontologische Bestimmung zu erfassen (vgl. Rosenberger 1996, S. 67ff).

Konstruktivistische Theoretikerinnen hingegen stellen den Begriff Sex in Frage, denn die Differenzierung von Sex und Gender politisiert und historisiert Gender, Sex aber bleibt als statische, unpolitische, „natürliche" Komponente erhalten. Sie verweisen auf die Gefahr erneuter Naturalisierung des Geschlechtlichen und latenten Biologismus, den die Separierung von Sex und Gender zu bannen suchte, und hinterfragen die Annahme einer „vorsozialen Unterscheidungsmöglichkeit von Frauen und Männern" (Gildemeister, Wetterer 1992, S. 206), wie sie dem Begriff Sex zugrunde liegt. Sex sei ebensowenig „Natur" wie Gender „Kultur".

Die historische Wandelbarkeit biologischer und medizinischer Definitionen des menschlichen Körpers und dessen differente Bedeutungen in Abhängigkeit vom kulturellen Kontext machen die Variation von „Natur" deutlich. Sex ist damit ebensowenig natürlich gegeben wie Gender, denn der Körper existiert nicht außerhalb der Gesellschaft, sondern erhält erst durch diese seine Bedeutung. Er konstituiert sich durch Sprache innerhalb eines spezifischen, historisch gegebenen Wissenshorizonts und wird kulturspezifisch vergeschlechtlicht, indem das zur Verfügung stehende Körperwissen die jeweiligen leiblichen Dimensionen und Erfahrungen strukturiert (vgl. Sgier 1994).

Diese Vergeschlechtlichung des Körpers ist eng mit der dominanten Vorstellung von Heterosexualität verwoben. Sie begründet die Wahrnehmung von Körpern als ausschließlich männlich oder weiblich. Innerhalb des gegebenen kulturellen Kontexts erscheint Sexualität demnach nicht geschlechtsindifferent, sondern als für das Geschlecht konstitutive Heterosexualität. Geschlecht ist folglich als diskursives Produkt, als Effekt einer heterosexuell organisierten Macht-Wissen-Formation zu verstehen. Eben darin, dass Leiblichkeit in ein vordiskursives Feld gedrängt und zwei natürlich gegebene sexuelle Körper vorausgesetzt werden, zeigt sich die Wirkungsweise dieser Macht-Wissen-Formation. Sex unhinterfragt zu lassen, verschleiert daher die Funktionsweise gegenwärtiger Machtverhältnisse und stützt entsprechend die Reproduktion von Unterdrückungsstrukturen (vgl. Butler 1992).

2 Budget-Perspektiven

Aus diesen divergierenden Modellierungen von Geschlecht resultieren unterschiedliche Annäherungen an öffentliche Finanzen. In differenztheoretischer Sicht figurieren Staatsbudgets als Ausdruck der männlichen symbolischen Ordnung und stellen demnach ein unwiderruflich patriarchales Herrschaftsinstrument dar. Indem sich gender-theoretische Budgetanalysen dem herrschenden politischen Kontext fügen, bestätigen sie die maskuline symbolische Ordnung (vgl. Krondorfer 2000). Insbesondere implizieren gender-theoretische Budgetanalysen Anerkennung des Monetarisierungsprinzips, das Leben auf Rechengrößen reduziert, indem es menschliches Handeln in Geldeinheiten messbar zu machen trachtet, und Unterwerfung unter dieses.

Da der Terminus Gender den differenztheoretischen Rahmen überschreitet, ist Engendering grundsätzlich nicht möglich. Aber auch aufgrund der Verwobenheit des Budgets in das patriarchale System muss engendering budgets, das sich auf die Untersuchung von Einnahmen und Ausgaben beschränkt, zwangsläufig zu kurz greifen. Eine Subversion von Budgets zugunsten von selbstbestimmter Weiblichkeit lässt sich damit nicht erreichen.

Wohl wäre aus differenztheoretischer Perspektive von Interesse, wieweit Budgets genuiner Weiblichkeit Entfaltungsmöglichkeiten einräumen. Billigen Budgets Frauen die Möglichkeit zu, selbst über Mittel zu entscheiden und zu verfügen? Erlauben sie Frauenprojekte zur Schaffung von weiblichen Gegenräumen? Mehr noch müssten sich von der Differenztheorie inspirierte Fragen bezüglich des Budgets auf Maskulinität von Geld als „phallisch besetzte Maßeinheit für Waren“ (Madörin 1991, S. 4) richten oder die Bedeutung des Monetarisierungsprinzips reflektieren. Grenzen von Monetarisierbarkeit und Ausblendung von als nicht-monetarisierbar Definiertem wären hierbei zu thematisieren. Der Analyse der Tiefenstruktur von Geld und über Geld vermittelter Beziehungen zwischen Individuum und Umwelt käme hierbei besonderer Stellenwert zu (vgl. Schultz 1994). Differenztheoretische Betrachtungen könnten auch die Problematik von Quantität und Qualität in den Vordergrund rücken. Entscheiden allein monetäre Größen über die Qualität von Politiken? In welchem Verhältnis stehen Geld und Lebensqualität zueinander? Damit wären auch Fragen nach der Bestimmung des Alltags durch Geld oder der Relation von Geld und persönlicher Freiheit zu verknüpfen (vgl. Filli et al. 1994).

In konstruktivistischer Deutung lässt sich Budget als geschlechtlich codierte diskursive Kategorie innerhalb dominanter Macht-Wissen-Formationen verstehen. Feministische Budgetanalyse hieße demnach, inhärente Männlichkeit über budgetäre Begrifflichkeit und deren definitorische Begrenzungen zu erfassen. Engendering budgets bestünde darin, die Entstehungs- und Verwendungskontexte von Staatsbudgets als geschlechtliche Bezugsrahmen zu entschlüsseln, um die geschlechtliche Grundierung von Budget sichtbar zu machen.

Im Hinblick auf den Staatshaushalt sind aus konstruktivistischer Perspektive demnach Fragen nach der Genealogie der Kategorie Budget zu stellen. Die Verknüpfungen von Budget, Staat und Geschlechterordnung wären ebenso wie die Entwicklungsgeschichte des Budgets eingebettet in die Entstehung des modernen Staates zu untersuchen. Darüber hinaus ließen sich Problemstellungen zur Produktivität von Budgets entwickeln. Wie bringt Budget Geschlecht bzw. Zweigeschlechtlichkeit hervor? Auf welchen immanenten Voraussetzungen beruht es? Wie können Budgets der Pluralisierung von Geschlecht dienen? Durchaus in Konvergenz zu Differenztheorien ließen sich auch im konstruktivistischen Rahmen Fragen der Monetarisierung problematisieren. Im Folgenden wird im Sinne eines konstruktivistischen Ansatzes beispielhaft die Verwobenheit von Budget, Staat und Männlichkeit skizziert.

3 Staat, Budget und Männlichkeit

Feministische Staatstheorien zeigen in unterschiedlicher Weise die Verzahnung von Staat und Männlichkeit. Sie verstehen den Staat als von

Männern für Männer geschaffene Institution und beziehen sich hierbei auf Konstruktionsideen des modernen Staates, dessen männerbündische Genese, historischen Konstituierungsprozess, Organisationsstrukturen oder Interessenlagen (vgl. Biester et al. 1992; Kreisky 1995; Atzmüller 2001; Löffler 2001; Jessop 2001). An der Verknüpfung des modernen Staates und seiner Finanzen werden inhärente Maskulinismen des Budgets deutlich.

Max Weber zufolge bildet sich der politische Verband im gewaltsamen Gemeinschaftshandeln. Aus der gelegentlichen Vergesellschaftung zum Zwecke der Kriegsführung geht schließlich ein auf Dauer gerichtetes Gebilde hervor: der Staat, charakterisiert durch das Monopol legitimer Gewaltanwendung (vgl. Weber 1980/1921, S. 517). Sein Ursprung in der Kriegsführung erklärt nicht nur die für den Staat essentielle Bedeutung des Militärs, das auch zum Vorbild der bürokratischen Organisation avanciert, sondern auch in den Staat eingelassene Männlichkeitskonstruktionen (vgl. Kreisky 1997). Kriegsführung bleibt schließlich bis ins 20. Jahrhundert *die* zentrale staatliche Aktivität.

Staatenbildung zielt auf Machtkonzentration, die mit Abgrenzung nach außen und Vereinheitlichung nach innen einhergeht. Gemeinsamkeit wird über Staatsangehörigkeit konstituiert. Als apotheotisch überhöhter pater familias den Staat verkörpernd, fungiert zunächst der Fürst als einigendes Element. Mit ihm wird die Autarkievorstellung des oikos, des ganzen Hauses, auf das gesamte Staatsgebiet übertragen und eine nationale Ökonomie geschaffen.[4]

Die Einheit des Staates, dessen Schutz gegenüber seinen Untertanen nach innen und außen wird schließlich zur Begründung des Rechts auf Steuereinhebung. Die Durchsetzung des allgemeinen Steuerrechts erfolgt gegen die alten Stände, die eine generelle Steuerpflicht zunächst nicht anerkennen wollen und Steuern als freiwillige Beiträge zu den landesherrlichen Ausgaben betrachten. Um die politische Stärkung des Fürsten abzuwehren, halten sie daran fest, dass fürstliche Ausgaben aus dem Camerale, den Einkünften aus Domänen und Regalien sowie Mauten und Zöllen, zu decken seien, während das Contributionale eine lediglich von Fall zu Fall zu bewilligende Leistung der Stände darstelle. Erst die Etablierung der allgemeinen Steuerpflicht ermöglicht die Entfaltung der fürstlichen Zentralgewalt und damit die Durchsetzung des modernen Zentralstaates. Der absolute Fürst wird nun dadurch charakterisiert, dass er allein befugt ist, Steuern festzulegen – Staat und Budget werden zu synonymen Begriffen (vgl. Bauer, Matis 1988, S. 228f).

In weiterer Folge erwartet den Fürsten damit aber auch eine neue Aufgabe. Denn er muss „seinen Untertanen zu einem guten Erwerb verhelfen, wenn er etwas von ihnen nehmen will" (Schröder, zit. n. Bauer, Matis 1988, S. 224). Auch Colbert, Finanzminister von Ludwig XIV, erklärt den Handel zur Quelle der Finanzen – und „die Finanzen sind der Lebensnerv des Krieges" (Colbert, zit. n. Bauer, Matis 1988, S. 226). Das herrschaftliche Interesse an der Expansion von Handel und Geldwesen deckt sich mit den Interessen des Bürgertums. Dies manifestiert sich nicht zuletzt in der Übernahme der Geldpolitik in den Einflussbereich des Staates. Erst die staatliche Regulation des Geldes, die Regelungen durch Kaufleute ablöst, ermöglicht dem Geldwesen die Durchdringung der Gesellschaft.

Die wirtschaftstreibenden Bürger bilden infolge ihrer Steuerleistung das Fundament des modernen Staates. Doch nicht jeder ist zum Bürger bestimmt. Die Gesamtheit der Staatsangehörigen wird in zwei Klassen unterteilt: Staatsbürger und Untertanen. „Was die Mitglieder betrifft, so tragen sie als Gesamtheit den Namen Volk, als Einzelne nennen sie sich Bürger, sofern sie Teilhaber an der Souveränität, und Untertanen, sofern sie den Gesetzen des Staates unterworfen sind" (Rousseau, zit. n. Appelt 1997, S. 118). Während Untertanen sich staatlichen Gesetzen lediglich zu fügen haben, charakterisiert Teilhabe an der Souveränität Staatsbürger. „(A)lles Frauenzimmer, und überhaupt jedermann, der nicht nach eigenem Betriebe, sondern nach der Verfügung anderer genötigt ist, seine Existenz zu erhalten, entbehrt der bürgerlichen Persönlichkeit, und seine Existenz ist gleichsam nur Inhärenz" (Kant 1990/1797, S. 171). Männlichkeit, wirtschaftliche Selbständigkeit und die Position des Familienoberhaupts stellen demnach Voraussetzungen des Staatsbürgerstatus dar.

Staatsbürgerschaft aber lässt sich auf Kriegstüchtigkeit zurückführen, denn: „Als politischen Volksgenossen erkennt der Waffentragende nur den Waffentüchtigen an. Alle anderen, Nichtwaffengeübte und Nichtwaffentüchtige, gelten als Weiber“ (Weber 1980/1921, S. 517). Steuerfähigkeit tritt somit an die Stelle von Kriegstüchtigkeit. Politische Mitbestimmung in Form des Wahlrechts wird an die Steuerleistung gebunden. Nach dem bis 1907 geltenden österreichischen Kurienwahlrecht etwa waren zunächst nur jene Bürger wahlberechtigt, deren Steuerleistung über 10 Gulden lag. Später wurde diese Beschränkung auf 5 Gulden herabgesetzt[5], das Stimmengewicht jedoch blieb von der Steuerleistung abhängig. Vertreter der ersten vier Kurien konnten beispielsweise auch in der fünften Kurie ihre Stimme abgeben (vgl. Ucakar 1985, S. 148ff).

Über den an die Steuerleistung gekoppelten Status des Staatsbürgers werden rechtliche, politische und ökonomische Privilegien von Männern abgesichert. Sie gewähren dem Staat Einnahmen, die Ausgaben für die zentralen staatlichen Institutionen, Heer und Bürokratie, ermöglichen. So liegt etwa das Staatsbudget des Deutschen Reichs 1872 bei 18,5 % des Volkseinkommens. 63 % der gesamten Staatsausgaben entfallen auf direkte oder indirekte Militärlasten – Kriegsausgaben und Schuldendienst infolge des Krieges. Zusammen mit den Ausgaben für die allgemeine Verwaltung machen diese rund 80 % der gesamten Staatsausgaben aus (vgl. Nowotny 1996, S. 113).

Das Budget kann folglich als Vermittlungsinstanz zwischen männlichen Wirtschaftssubjekten und maskulinen staatlichen Institutionen, vor allem Militär und Bürokratie, interpretiert werden. Es fungiert als Transmissionsmechanismus zwischen Männerbünden des Staates und oftmals ebenso bündisch formierter männlicher Ökonomie und dient der gegenseitigen Machtsicherung. Mit dem Budget werden die Austauschrelationen zwischen Teilhabe an staatlicher Souveränität und damit verbundenen rechtlichen und ökonomischen Privilegien einerseits und Machterhaltung staatlicher Institutionen andererseits festgelegt.

Erst mit Einführung des allgemeinen Männerwahlrechts im frühen 20. Jahrhundert fallen Steuerleistung und Staatsbürgerstatus auseinander. Zunehmende Demokratisierung geht mit Ausweitungen des Budgets einher. Die wachsende politische Beteiligung ärmerer Bevölkerungsschichten und die verstärkte Bedeutung des Parlaments im Budgetprozess schlagen sich auch im Staatshaushalt nieder, ohne diesen jedoch seiner maskulinen Grundierung zu entheben.

4 Theorie und Politik

Die Verwobenheit von Budget, Staat und Ökonomie bedarf weiterführender Auseinandersetzung. Dennoch macht diese erste Annäherung an politökonomische Entstehungs-, Verwendungs- und Entwicklungskontexte von Budget und dessen inhärente Maskulinität nicht nur Grenzen gender-theoretischer Budgetanalysen deutlich, sondern zeigt auch die Bedeutung, die Konzeptionalisierungen von Geschlecht für feministische Budget-Diskurse zukommt. Hierin manifestieren sich – einmal mehr – der Stellenwert impliziter Annahmen für Identifikation von Problembereichen und Relevanz von Theoriebildung für anwendungsorientierte Wissenschaft. Differenztheoretische und konstruktivistische Ansätze decouvrieren Ausblendungen gender-theoretischer Budgetanalyse und erweitern budgetanalytische Horizonte. Insbesondere Fragen nach öffentlichen Finanzen als Ausdruck politökonomischer Machtgefüge, aber auch nach politischer und gesellschaftlicher Bedeutung von Monetarisierung harren im Kontext feministischer Budgetanalyse der Diskussion. Entsprechende Erweiterungen des Gegenstandsbereichs unterstreichen die Notwendigkeit interdisziplinärer Integration ökonomischen, politikwissenschaftlichen, historischen und theoriegeschichtlichen Denkens. Derart umfassendes Engendering budgetärer Kategorien und Denkweisen, das der Totalität männlicher Etats gerecht wird, bildet nicht zuletzt die Basis politischer Überwindung geschlechtsspezifischer Budgetdefizite – schließlich impliziert Demokratie „L'état c'est nous".

Endnoten

[1] Die gängige Übersetzung „Der Staat bin ich" verstellt den Blick auf die Doppeldeutigkeit von état als Staat und Budget.

[2] Einen Überblick hierzu bietet der Beitrag von Elisabeth Klatzer in diesem Band.

[3] Gender bezeichnet im Englischen auch das grammatische Geschlecht und konnotiert folglich die sprachliche Verfasstheit von Geschlechtsidentität.

[4] Erst mit der Vereinheitlichung des Rechts und der Rechtsgleichheit – und damit der Individualisierung – der Untertanen wandelt sich das Modell des oikos zu dem der Marktökonomie. Die Ökonomie verselbständigt sich, ohne jedoch die regelnde und sichernde Instanz des Staates – und somit die Macht des absoluten Herrschers – in Frage zu stellen. Der Fürst figuriert nun nicht länger als pater familias, sondern als erster Diener des Staates, aus dem durch persönliche Abhängigkeiten charakterisierten Hofstaat geht der Beamtenapparat hervor.

[5] In Wien etwa erhöhte sich die Zahl der Wähler damit von 18.000 auf 36.000.

Literatur

(*) weiterführende Literatur

Appelt, Erna (1997): Familialismus. Eine verdeckte Struktur im Gesellschaftsvertrag. In: Kreisky, Eva; Sauer, Birgit (Hg.): Das geheime Glossar der Politikwissenschaft. Geschlechtskritische Inspektion der Kategorien einer Disziplin. Frankfurt/New York, S. 114-136.

Atzmüller, Roland (2001): Postfordistische Staatlichkeit, Innovation und Geschlechterverhältnisse. In: Kreisky, Eva; Lang, Sabine; Sauer, Birgit (Hg.): EU. Geschlecht. Staat. Wien, S. 87-102.

(*) Bakker, Isabella (1994) (Hg.): The Strategic Silence. Gender and Economic Policy. London.

Bauer, Leonhard; Matis, Herbert (1988): Geburt der Neuzeit. Vom Feudalsystem zur Marktgesellschaft. München.

Biester, Elke et al. (1992): Staat aus feministischer Sicht. Berlin.

Butler, Judith (1992): Das Unbehagen der Geschlechter. Frankfurt/Main.

Filli, Heidi Bernhard; Günter, Andrea; Jochimsen, Maren; Knobloch, Ulrike; Praetorius, Ina; Schmuckli, Lisa; Vock, Ursula (1994): Weiberwirtschaft. Frauen – Ökonomie – Ethik, Luzern.

Fox Keller, Evelyn; Longino, Helen E. (1996) (Hg.): Feminism and Science. Oxford/New York.

Gildemeister, Regine; Wetterer, Angelika (1992): Wie Geschlechter gemacht werden. Die soziale Konstruktion der Zweigeschlechtlichkeit und ihre Reifizierung in der Frauenforschung. In: Gudrun-Axeli Knapp; Angelika Wetterer (Hg.): Traditionen, Brüche, Entwicklungen feministischer Theorie. Freiburg, S. 201-254.

Jessop, Bob (2001): Die geschlechtsspezifischen Selektivitäten des Staates. In: Kreisky, Eva; Lang, Sabine; Sauer, Birgit (Hg.): EU. Geschlecht. Staat. Wien, S. 55-86.

Kant, Immanuel (1990/1797): Metaphysik der Sitten, Stuttgart.

Kreisky, Eva (1995): Das Geschlecht politischer Institutionen. Ergebnisse einer historischen und aktuellen Spurensuche zu einer politischen Theorie des „Männerbündischen". In: Kramer, Helmut (Hg.): Politische Theorie und Ideengeschichte im Gespräch. Wien, S. 134-163.

Kreisky, Eva (1997): Diskreter Maskulinismus. Über geschlechtsneutralen Schein politischer Idole, politischer Ideale und politischer Institutionen. In: Kreisky, Eva; Sauer, Birgit (Hg.): Das geheime Glossar der Politikwissenschaft. Geschlechtskritische Inspektion der Kategorien einer Disziplin. Frankfurt/New York, S. 161-213.

(*) Kreisky, Eva; Lang, Sabine; Sauer, Birgit (2001) (Hg.): EU. Geschlecht. Staat. Wien.

(*) Kreisky, Eva; Sauer, Birgit (1997): Heimlichkeit und Kanonisierung. Einführende Bemerkungen zur Begriffsbildung in der Politikwissenschaft. In: Kreisky, Eva; Sauer, Birgit (Hg.): Das geheime Glossar der Politikwissenschaft. Geschlechtskritische Inspektion der Kategorien einer Disziplin. Frankfurt/New York, S. 7-45.

Krondorfer, Birge (2000): Das Geld hat k/ein Geschlecht. Ungemäße Bemerkungen zur vermessenen Ordnung des Maßlosen. In: Krondorfer, Birge; Mostböck, Carina (Hg.): Frauen und Ökonomie – oder: Geld essen Kritik auf. Wien, S. 71-89.

Löffler, Marion (2001): Herrschaft als zentrales Konzept zur Entschlüsselung der Geschlechtlichkeit des Staates. In: Kreisky, Eva; Lang, Sabine; Sauer, Birgit (Hg.): EU. Geschlecht. Staat. Wien, S. 15-32.

Madörin, Mascha (1991): Männliche Ökonomie – Ökonomie der Männlichkeit. Wirtschaft, Wirtschaftstheorie und phallokratische Ordnung. In: Emanzipation 1/1991.

Nowotny, Ewald (1996): Der öffentliche Sektor. Einführung in die Finanzwissenschaft. Berlin/Heidelberg.

Rosenberger, Sieglinde (1996): Geschlechter, Gleichheiten, Differenzen. Eine Denk- und Politikbeziehung. Wien.

Schultz, Irmgard (1994): Der erregende Mythos vom Geld. Die neue Verbindung von Zeit, Geld und Geschlecht im Ökologiezeitalter. Frankfurt/New York.

Sgier, Irena (1994): Aus eins mach zehn und zwei lass gehn. Bern.

Showalter, Elaine (1989): The Rise of Gender. In: Showalter, Elaine (Hg.): Speaking of Gender. New York, S. 1-17.

Ucakar, Karl (1985): Demokratie und Wahlrecht in Österreich. Zur Entwicklung von politischer Partizipation und staatlicher Legitimationspolitik. Wien.

Waniek, Eva; Stoller, Silvia (2001) (Hg.): Verhandlungen des Geschlechts. Zur Konstruktivismusdebatte in der Gender-Theorie. Wien.

Weber, Max (1980/1921): Wirtschaft und Gesellschaft. Grundriß der verstehenden Soziologie. Tübingen.

Gender Mainstreaming – Ein doppelbödiges Konzept

Susanne Schunter-Kleemann

Der Beitrag konzentriert sich auf die Frage, ob und unter welchen Voraussetzungen "Gender Mainstreaming" (GM) bei der Suche nach einer zeitgemäßen programmatischen Aussage der Frauenbewegung ein geeignetes und mobilisierungsfähiges Konzept ist. Die Überlegungen gehen in drei Richtungen:

1. Wo kommt diese Strategie her, was ist das Neue gegenüber den bisherigen gleichstellungspolitischen Ansätzen auf nationaler und internationaler Ebene? Was kann sie leisten, was nicht?

2. Zweitens möchte ich die Risiken und Tücken des GM etwas eingehender ausleuchten. Dabei möchte ich insbesondere den marktliberalen Ursprung dieses Konzepts nicht aussparen, denn GM ist von seiner Herkunft her ein in den USA entwickeltes Management-Konzept, dem es primär, um Wettbewerbsvorteile durch bessere Ausnutzung der "humanen Ressourcen" des Unternehmens geht. Von dem Ziel der Beförderung der Geschlechterdemokratie, in dessen Kontext GM in Deutschland zumeist diskutiert wird – war bei seinen Urhebern nie die Rede. Und es muss uns m. E. zu denken geben, dass gerade hervorragende Machtzentren des Kapitalismus, die von ihrer eigenen Organisationsstruktur und gesellschaftspolitischen Zielsetzung nicht gerade als die Vorhut demokratischer und sozialstaatlicher Bewegung bekannt sind, und sich darüber hinaus auch noch als geschlossene Männerbastionen darstellen, wie die Weltbank oder die EU-Kommission, wichtige Impulsgeber der GM-Debatte waren und auch heute noch sind.

3. Die Chancen und die Attraktivität des GM-Ansatzes sollen herausgearbeitet und einige Schlussfolgerungen unterbreitet werden, wie man

positive Anregungen, die im GM-Konzept zweifellos enthalten sind, für gleichstellungspolitisches Handeln in der Budgetpolitik nutzen kann.

Zugespitzt: Ich möchte hier die These vertreten, dass GM ein recht doppelbödiges Konzept mit Haken und Ösen, mit Chancen und Risiken ist, das sehr unterschiedlich gelesen wird und gelesen werden kann. Meines Erachtens stellt der Ansatz ein von Widersprüchen und widersprüchlichen Erwartungen durchzogenes gesellschaftliches Konfliktfeld dar. Vereinfachend könnte man sagen, "die da Oben" verfolgen mit Sicherheit andere Ziele, wenn sie GM propagieren, als "wir hier unten". Insofern gilt es vielfältige Fallen und Fußangeln zu beachten, die bei der Umsetzung des "GM"-Konzeptes auftreten können.

1 Ursprung und Herkunft der "Gender Mainstreaming"-Strategie

Wie oben gesagt geht das Konzept des "Gender Mainstreaming" auf ein in den 80er Jahren in den USA entwickeltes Konzept der Personal- und Organisationsentwicklung namens "Managing Diversity" (MD) zurück. Die dem Konzept zugrundeliegende Überzeugung lautet: Eine multikulturell zusammengesetzte Belegschaft kann ein wichtiger Wettbewerbsvorteil sein. Managing Diversity als komplexes Maßnahmenbündel der Unternehmensleitung proklamiert insofern Chancengleichheit aller Belegschaftsmitglieder, unabhängig vom Geschlecht oder ethnischen Zugehörigkeit – mit dem Ziel, betriebliche Bedingungen herzustellen, unter denen alle Beschäftigten ihre Leistungsbereitschaft uneingeschränkt entwickeln (vgl. Krell 2000, S. 29).

Es geht bei Managing Diversity – und das muss deutlich ausgesprochen werden – um top-down-Management, d.h. um ein neues Instrument der Personalführung, das die vorhandenen Human-Ressourcen besser für das Unternehmen erschließen will und deswegen auch die Beteiligten selbst partiell in die Entscheidungsfindung auf betrieblicher Ebene einbezieht. Entwicklungsbedarf wird nicht oder nicht in erster Linie mit Blick auf die weiblichen Beschäftigten gesehen, sondern angezielt wird ein Wandel der Organisationskultur. Von PolitikberaterInnen werden eine ganze Reihe von Wettbewerbsvorteilen angeführt, die solche "multikulturellen" Betriebe vor den traditionell geführten, sogenannten "monokulturellen" Organisationen auszeichnen:

- In dem Maße, in dem die Belegschaften in Organisationen nach Geschlecht und ethnischer Herkunft zwangsläufig vielfältiger werden, wirke eine schlechte bzw. misslungene Integration kostensteigernd.
- Organisationen mit einem guten Ruf in Sachen MD hätten optimale Chancen, im Wettbewerb um das Potential der Frauen und ethnischen Minderheiten die qualifiziertesten Arbeitskräfte zu gewinnen.
- Eine größere Perspektivenvielfalt innerhalb der Belegschaft erhöhe die Kreativität.
- Monokulturelle Organisationen seien eher veränderungsresistent. Im Gegensatz dazu versprechen multikulturelle Organisationen die in Zeiten großer Umweltveränderungen erforderliche Flexibilität (vgl. Cox, Blake 1991, S. 47 zit. nach Krell 1997).

Vom philosophischen Hintergrund geht Managing Diversity von einem ausgesprochen harmonistischen Gesellschaftsverständnis aus. Interessengegensätze zwischen Arbeit und Kapital gibt es in dieser Konzeption nicht. Was gut für die Organisation ist, ist auch für die Beschäftigten gut. Es ist ein Personalkonzept, in dem es – so die Theorie – nur Gewinner und keine Verlierer gibt. Die Organisation als Ganze gewinnt, die Frauen gewinnen, die Männer gewinnen. Frauen als bisher weithin verschenkte Begabungsreserve werden nun dank ihrer emotionalen und sozialen Kompetenzen als vorteilhaft für den Betrieb, als Integrationspotential und auch als Verbündete des Managements bei der Durchsetzung flexibler Formen der Arbeitszeitgestaltung bewertet. Quintessenz: Das aufgeschlossene Management wäre gut beraten, die Geschlechterspaltung im Betrieb abzumildern, so dass weibliche Potentiale voll im unternehmerischen Interesse und dies gerade unter härteren Effizienzkriterien und veränderten globalen Marktbedingungen zum Einsatz gebracht werden können. Soweit das amerikanische Management-Konzept (vgl. Krell 1997, S. 62).

Verfolgen wir den Weg, den dieses Führungskonzept nahm, weiter:

Welche politischen Hintergründe gab es nun dafür, dass die EU-Kommission Mitte der 90er Jahre diesen Management-Ansatz adaptierte und unter dem Namen "Gender Mainstreaming" als drittes Konzept der Chancengleichheit nach "Gleichbehandlungspolitik" (1. Ansatz) und "Frauenförderung durch Positive Diskriminierung" (2. Ansatz) – propagierte?

Meine These dazu: Der neue Anlauf in der Chancengleichheitspolitik ist als eine Form der Resonanz der europäischen Behörden auf die anwachsende weibliche Skepsis gegenüber dem Projekt Europäische Einigung anzusehen, das eine klare sozialstaatliche und demokratische Kontur immer mehr vermissen ließ. Denn überraschenderweise war es das zweite Geschlecht, das in einem Referendum des Jahres 1992 europäische Politik gemacht hatte, in dem es in Dänemark den Maastrichter Vertrag zu Fall brachte und damit die schwelende Demokratiefrage in der Europäischen Union spektakulär auf die Tagesordnung setzte. Was die deutschen Medien kaum einer Erwähnung wert fanden, ist dabei ein höchst interessanter Sachverhalt. In nahezu allen europäischen Ländern standen und stehen Frauen den Projekten Binnenmarkt und "Euro" deutlich skeptischer gegenüber als der männliche Teil der Bevölkerung. Diese Skepsis der Frauen kam auch in vielen Euro-Barometer-Umfragen zum Ausdruck. Nur 28 Prozent der befragten europäischen Frauen hielten z.B. das Konzept Binnenmarkt und den Euro für eine gute Idee. An keiner öffentlich-politischen Frage scheiden sich die Geschlechter so deutlich wie an der Europafrage. Die EU-Kommission hat daraus ihre Schlussfolgerungen gezogen:

Zunächst sind Frauen zu einer "prioritären Zielgruppe" der europäischen Kommunikationspolitik avanciert (vgl. Schunter-Kleemann 1993, S. 469).

In Zusammenhang mit den Vorbereitungen der Pekinger UN-Konferenz im Jahr 1995 und verstärkten Kontakten zur entwicklungspolitisch ausgerichteten internationalen Frauenszene wurde der Begriff GM gefunden. Erklärtes Ziel der europäischen Kommission war es, mit dem neuen Ansatz eine "neue Partnerschaft" mit der frauenpolitischen Basis in den EU-Ländern zu begründen und damit zum Abbau des Demokratiedefizits der europäischen Behörden beizutragen. Insofern ist die GM-Politik der europäischen Behörden – obwohl sie sich der Bezeichnung nach an beide Geschlechter richtet eine speziell auf die Zielgruppe Frauen zugeschnittene Konsensstrategie, ein Politikansatz "mit dem man Vertrauen zurückgewinnen" will.

Begründet wurde die neue Leitorientierung zunächst selbstkritisch einmal damit, dass sich gleichstellungspolitisch vorher zu wenig bewegt habe. Wie der ehemalige Kommissar Flynn sagte, sollte GM der Tatsache Anerkennung schaffen, dass "trotz der wachsenden Präsenz der Frauen auf dem Arbeitsmarkt, die Unterschiede zwischen Männern und Frauen in Bezug auf Beschäftigungsmöglichkeiten, Entlohnung und Arbeitsbedingungen nach wie vor gravierend sind und sich in einigen Fällen sogar verschlimmert haben" (Flynn 1998, S. 1).

Aus der Perspektive der EU-Kommission soll die Bezeichnung "GM" demnach zum Ausdruck bringen, dass der Gedanke der Chancengleichheit der Geschlechter nun nicht mehr nur ein Randthema, sondern als eine "Hauptströmung", als "mainstream", der europäischen Politik anzusehen ist.

Im 1997 verabschiedeten Unionsvertrag von Amsterdam wurde übrigens nicht nur "die Geschlechterfrage", sondern auch noch ein zweites explosives Thema zum "mainstream" der europäischen Politik deklariert. Auch die Umweltfrage soll seither als *Querschnittsfrage* behandelt werden. Alle europäischen Politiken sollen – so die Absichtserklärung – fortan nicht nur auf ihre Umweltwirkungen, sondern auch auf ihre Geschlechterwirkungen überprüft werden. Auch in die EU-Beschäftigungs- und Strukturpolitik wurde der GM-Ansatz eingebunden (vgl. Wulf-Matthies

1998, S. 3). Das Konzept soll zu einer verbesserten organisationspolitischen Nutzung der bisher oft verschleuderten Humanressource "Frau" führen, um damit einen Beitrag zur Verbesserung der Wettbewerbsfähigkeit Europas zu leisten. Insofern ist dem europäischen Neuaufbruch in der Gleichstellungspolitik (nach "Gleichbehandlung" und "Frauenförderung") eine interessante Doppelbödigkeit eigen, es soll zur Verbesserung der menschenrechtlichen Situation und zur Stärkung der Konkurrenzfähigkeit Europas beitragen.

Die vier zentralen Handlungsfelder der aktivierenden Arbeitsmarktpolitik, die dem gemeinschaftlichen Evaluierungsverfahren seither unterworfen sind und dem Austausch von "bewährten Praktiken" dienen sollen, sind: die Verbesserung der Beschäftigungsfähigkeit, die Entwicklung des Unternehmergeistes, die Förderung der Anpassungsfähigkeit der Unternehmen und ihrer Beschäftigten sowie Maßnahmen zur Förderung der Chancengleichheit zwischen Frauen und Männern (vgl. Ziegler 2001, S. 338). Bei dem Grundsatz des GM geht es nicht nur darum, "den Frauen den Zugang zu Programmen und Finanzmitteln der Gemeinschaft zu eröffnen, sondern auch und vor allem darum, das rechtliche Instrumentarium, die Finanzmittel und die Analyse und Moderationskapazitäten der Gemeinschaft zu mobilisieren." So heißt es in der Mitteilung der Kommission zum "Gender Mainstreaming " aus dem Jahr 1996 (Europäische Kommission 1996). Nach dem sich einige Jahre auf dem Feld des GM sehr wenig bewegt hatte, wurden auf dem Lissabonner Gipfel (März 2000) unter der portugiesischen Präsidentschaft erstmals konkretere Zielvorstellungen für eine Modernisierung des europäischen Sozialmodells formuliert. Die Staats- und Regierungschefs der EU gingen so weit für 2010 Vollbeschäftigung anzuvisieren. Erstmals wurden hier auch quantitative Zielvorstellungen für die Steigerung der Frauenbeschäftigung formuliert. Im Rahmen des übergeordneten Ziels, die im Vergleich zu den USA und Japan extrem niedrige Beschäftigungsquote von heute durchschnittlich 61 % möglichst nah an 70 % heranzuführen, soll auch die Beschäftigungsquote der Frauen von heute durchschnittlich 51 % bis zum Jahr 2010 auf über 60 % angehoben werden (vgl. Europäische Kommission 2000, S. 13).

Nichtsdestotrotz bleibt festzuhalten, dass eine rechtlich gültige Definition des GM – wie der Jurist Mückenberger unterstreicht – weder auf europäischer noch auf nationaler Ebene bislang vorliegt, sondern die meisten Dokumente und Rechtsquellen setzen die rechtliche Geltung irgendwie voraus (vgl. Mückenberger 2000, S. 7). Im Klartext: GM ist bisher kein verbindliches Gesetz und damit auch nicht rechtlich einklagbar. Und es gibt keinerlei Sanktionsmechanismen, wenn Behörden oder Verwaltungen die neue Handlungsorientierung nicht anlegen.

Heute sind wir also mit der Tatsache konfrontiert, dass das GM, das neben den EU-Behörden inzwischen auch von allen Regierungen als Schlüsselbegriff der Gleichstellungspolitik im 21. Jahrhundert propagiert wird, von Land zu Land und von Behörde zur Behörde eine unterschiedliche Ausdeutung und Umsetzung erfährt. Obwohl das Konzept seit 1996 auf der politischen Tagesordnung steht, sind heute – sieben Jahre später – in allen europäischen Ländern viele frauenpolitische Tagungen immer noch damit befasst, herauszufinden, was denn die europäischen Gremien oder die nationalen Regierungen mit diesem Konzept eigentlich gemeint und gewollt haben könnten und was man eigentlich selber will.

2 Risiken des Gender Mainstreaming-Konzeptes

Risiko 1: Unklarer Begriff

Man verrät wohl kein Geheimnis, wenn man sagt, für den deutschen Sprachraum stellt die Losung "GM" nicht gerade eine besonders geglückte Wortprägung dar. Der Aufbruch der Frauen hat zündendere Kampflosungen hervorgebracht. "Gleicher Lohn für gleiche Arbeit", "mein Bauch gehört mir", "her mit der Staatsknete", "frau geht vor", last but not least "befreit die sozialistischen Eminenzen von ihren bürgerlichen Schwänzen", das waren doch wirklich noch griffige Parolen! Hinter diesen Losungen konnten sich wütende Frauen sammeln, während GM unverkennbar eine verwaltungstechnische oder bürokratische Perspektive auf die Geschlechterfrage zum Ausdruck bringt. Abgesehen einmal davon, dass der englische Begriff nicht eingängig zu übersetzen ist, klingt er auch noch verdammt nach "malestreaming", also Anpassung an die herrschende männliche Sicht der Dinge. Nicht zuletzt ist der "mainstream" Begriff in der wissenschaftlichen Diskussion schon mit einer klaren Bedeutung belegt und bezieht sich auf die herrschende Theorie, die ihre Sichtweisen und Paradigmen gegenüber alternativen und kritischen rücksichtslos durchsetzt. Das macht den GM-Begriff gerade im wissenschaftlichen Diskurs so hoch problematisch und missverständlich, weil damit die Ausgrenzung kritischer Perspektiven – die doch angeblich durch GM gerade hereingeholt werden sollen – konnotiert ist (vgl. Roloff 2002, S. 58)

Schließlich stellt sich die nicht einfache Frage, wie man die von der Herkunft untrennbare top-down Orientierung des GM zu einer mobilisierungsfähigen Strategie macht, die in der Lage ist, Angehörige des männlichen und weiblichen Geschlechts anzusprechen und für die Gleichstellung zu begeistern.

Risiko 2: Expertokratischer Ansatz

Gleichzeitig muss die strategische Reichweite des GM-Konzeptes und müssen die darin enthaltenen unausgesprochenen gesellschaftspolitischen Grundannahmen geprüft werden. Nun spricht ja vielleicht nichts dagegen, dass die Frauenbewegung nicht auch moderne Managementkonzepte auf innovative Gestaltungsoptionen abklopft. Fraglich wird es aber dann, wenn frau/man gleichzeitig – beabsichtigt oder unbeabsichtigt – neoliberale Wertorientierungen, Maßstäbe und Grundüberzeugungen mit übernimmt, die eigentlich mit emanzipativen gesellschaftlichen Grundorientierungen nicht zusammenpassen, vielleicht sogar kollidieren.

Meines Erachtens ist GM nur als ein sehr begrenzter, ein expertokratischer Ansatz anzusehen, der bisherige frauenpolitische Strategien der Anti-Diskriminierungspolitik und der Frauenförderung, noch wichtiger aber des Drucks von unten und der Entwicklung von Gegenmacht keinesfalls ersetzen, bestenfalls ergänzen kann.

GM in der Praxis eingesetzt ist eine komplexe und anspruchsvolle Methode und setzt eine Fülle von organisationspolitischen und statistischen Verfahrensschritten (Bestandsaufnahme, Begleitforschung, Evaluation und Kontrolle) voraus. Organisationsspezifisches Problembewusstsein und Fachkompetenz der leitenden Akteure ebenso wie feministische Grundüberzeugungen und frauenpolitische Mobilisierung sind gleichermaßen erforderlich, wenn die Geschlechtsspezifik von Organisationsstrukturen und politischen Aushandlungsprozessen aufgedeckt und die Geschlechtergleichstellung vorangebracht werden soll.

Halten wir fest: Bei GM geht es um Prozessgestaltung und Organisationsentwicklung in Verwaltungen, Hochschulen und Betrieben. Und insofern ist von der Methode her zu unterstreichen:

"GM ist (...) zunächst inhaltsleer, die Qualität besteht in der Existenz und Anwendung von Verfahren. Kriterien zur Anwendung dieses Verfahrens müssen von außen in dieses Verfahren eingeführt werden, z.B. aus der Fachdiskussion, der Reflexion des Entwicklungsgegenstandes der Praxis, aus der Bewertung der Lebenslagen der Adressatinnen, (...) aus politisch ausgehandelten Realitätsdeutungen und Bedarfsdefinitionen" (Liebe 2001, S. 100).

Das aber heißt, GM ist ein kontextabhängiges Konzept, das zunächst die Bedingungsfaktoren der Ausgrenzung von Frauen (oder Männern) in den jeweiligen Organisationen herausfinden und dabei auch die jeweiligen Interpretationen und unterschiedlichen Bedürfnisse der Frauen auf den unterschiedlichen Hierarchieebenen der Organisation berücksichtigen muss. Es liegt damit auf der Hand, dass GM nur dort als Strategie der Gleichstellung genutzt werden kann, wo ein expliziter politischer Wille der Behörden- oder Unternehmensleitung gegeben ist und für diese Zwecke spezifisch ausgebildetes Personal, Raum, Zeit und zusätzliche Finanzmittel zur Verfügung gestellt werden.

Der zentrale Unterschied zu früheren frauenpolitischen Strategien ist, dass die Verantwortung für geschlechtergerechte Politik ausdrücklich weg von der frauenpolitischen Infrastruktur, also den Frauenbeauftragten oder den Frauenministerien, hin zu den Fachressorts – und Personalabteilungen geht, und damit ein Teil der aktuell durchgeführten Organisationsreformen unter Bedingungen der Internationalisierung und Standortpolitik gemacht wird.

Risiko 3: Unterschiedliche thematische Füllung von GM

Nimmt man die offiziellen Verlautbarungen der EU-Kommission oder auch der Bundesländer, die GM in ihren Geschäftsordnungen verankert haben beim Wort, dann soll geschlechtersensitives Denken nicht mehr nur in engen Ressorts, sondern als Querschnittsaufgabe von allen maßgeblichen europäischen Behörden und auch den Tarifparteien beachtet werden. Das ist zunächst ein guter und wichtiger Gedanke, der allerdings nicht neu, sondern seit Beginn der 80er Jahre Gemeingut der Frauenbewegung ist, nun allerdings höhere amtliche Weihe bekommen hat.

Ein Ausschuss des Europaparlaments (EP) schlug vor, die GM-Maxime spezifischer und verbindlicher zu verstehen. Er schlug vor, GM als bindendes Personalauswahlkonzept anzusehen (vgl. EP 1997, S. 28). Wieder andere sehen im GM-Grundsatz auch das Ziel einer geschlechtergerechten Verteilung von Finanz- und Fördermitteln inbegriffen und in dieser Perspektive liegt der Berührungspunkt zum Thema "Gender und Budget".

Risiko 4: Wenn Behördenleitungen die Verantwortung für die Chancengleichheitspolitik bekommen, wächst die Gefahr, dass Frauenstrukturen und Gegenmachtpositionen abgeräumt oder sogar freiwillig von Frauen aufgegeben werden.

In einer Stellungnahme des Ausschusses für soziale Angelegenheiten des EP wird auf diese Gefahr des Unterlaufens der bisherigen Politik der Positiven Diskriminierung und der systematischen Frauenförderung unter Verwendung des GM-Begriffs hingewiesen:

"Das Mainstreaming-Prinzip darf auf der anderen Seite aber nicht als Rechtfertigung für die Abschaffung spezieller Gleichberechtigungsmaßnahmen benutzt werden. Gender mainstreaming heißt keineswegs, daß Forderungen nach Gleichberechtigung mit dem Argument abgetan werden können, die Arbeit für Gleichberechtigung sei doch bereits in allen anderen Aktivitäten enthalten. Zusätzlich dazu, daß die Gleichberechtigung als fester Bestandteil in alle politischen Maßnahmen eingebunden wird, brauchen wir dennoch weiterhin spezielle Gleichberechtigungsmaßnahmen, Gleichberechtigungsreferate, - beauftragte und Geldmittel. Nur so können wir auch tatsächlich die Umsetzung des Mainstreaming-Prinzips sichern" (EP 1997, S. 20).

Nun wird zwar in vielen Erklärungen beteuert, dass GM die klassische Frauenförderpolitik nicht ersetzen, sondern nur ergänzen und effektivieren solle. Nur gibt es inzwischen eindeutige Hinweise, dass die für eine solche Doppelstrategie erforderlichen erhöhten Finanzressourcen und Stellen nirgendwo eingeplant werden. Eher häufen sich umgekehrt die Beispiele, dass GM als Rechtfertigung für die Abschaffung spezieller Gleichberechtigungsministerien und -referate dient und bei der Verwaltungsmodernisierung im Sinne des Prinzips schlanker Staat umgedeutet wird.

Die 1998 von Bundeskanzler Schröder – damals war er noch Ministerpräsident – verfügte Auflösung des niedersächsischen Frauenministeriums mit der eleganten Begründung, Frauenpolitik werde fortan von allen Ressorts der Landesregierung mitbearbeitet, stellt insofern die klassische, aber frauenpolitisch höchst bedenkliche Umsetzung des GM-Ansatzes dar. Unter diesem Aspekt muss die Frauenbewegung achtsam sein, dass sie sich mit dem GM-Konzept nicht selber Rückschläge einhandelt. Frauenpolitikerinnen werden aufpassen müssen, dass die

Preisgabe von Frauenstrukturen und -projekten, die einen ausdrücklichen Frauenförderbezug haben, nicht der Normalfall der Umsetzung der GM-Strategie wird (vgl. Frauenbeauftragte warnen 2000, S. 5).

Dass Schröder nicht allein auf die Idee gekommen ist, GM im Sinne des Prinzips schlanker Staat umzudeuten und als vorwärtsweisende Form der Verwaltungsmodernisierung auszugeben, zeigen ähnliche Vorstöße auf EU-Ebene. In Brüssel wurde diskutiert, ob nicht der Parlamentsausschuss für die Rechte der Frau eigentlich überflüssig sei, da jetzt alle EU-Gremien eine GM-Politik verfolgen. Nur eine knappe Mehrheit des Parlament war dafür, den Ausschuss der in den letzten beiden Dekaden der eigentliche Motor der europäischen Gleichstellungspolitik war, nicht sofort aufzulösen. Allerdings wurde er in seinem politischen Gewicht stark gemindert.

Risiko 5: GM dient als Vorwand für die Streichung von Haushaltslinien und Geldmitteln, die für Frauenmaßnahmen eingeplant waren.

Neben der Gefahr, dass der GM-Ansatz "von denen oben" als Vehikel genutzt wird, um im Zuge von Verwaltungs- oder Unternehmensmodernisierung bisherige frauenpolitische Infrastrukturen einzusparen, kann der Ansatz natürlich auch dazu genutzt werden, den lange geforderten Aufbau von spezifischen Frauenfördermaßnahmen abzuweisen mit dem bequemen Argument, dass die reine Frauenförderung doch eine veraltete, eine überholte Strategie sei.

Auch von daher stellt sich m. E. die Frage, ob Frauenpolitikerinnen ein Konzept zu ihrer Leitorientierung machen sollten, das nicht nur schwer verständlich zu machen ist, sondern noch dazu – zumindest in der frauenpolitischen Öffentlichkeit in Zukunft wahrscheinlich immer öfters in gedanklichen Zusammenhang mit Sparpolitik, Wettbewerbsorientierung und Auflösung oder Umbenennung von Frauenressorts gebracht wird.

Häufig wird als Ziel des GM die "geschlechtergerechte Verteilung der Haushaltsmittel" genannt. Die von vielen Frauen gehegte Erwartung, dass mit dem GM eine Neu- und Umverteilung von Finanzmitteln zu ihren Gunsten einhergehen müsse, erweist sich allerdings bisher als ein völlig ungesicherter Punkt. Wenigstens zeigen sich hier bei Durchsicht einschlägiger Programme immer wieder gravierende Mängel! So moniert beispielsweise ein Gutachten des Ausschusses für die Rechte der Frau des EP – dieser hatte die wichtigsten Zukunftsprogramme der EU-Behörden Ende der 90er Jahre evaluiert – dass die Integration von GM in die Finanz- und Zukunftsprogramme der EU bisher nicht als gelungen angesehen werden kann (vgl. Frauen Europas Info 74, S. 3).

Dies räumt selbst die Kommission in ihrem ersten Nachfolgebericht ein. Hier wird als paradoxe Nebenwirkung des GM angeführt, dass es als Vorwand für die Streichung spezifischer Haushaltslinien und von für die Frauenförderung vorgesehenen Rücklagen benutzt worden sei (vgl. Fortschrittsbericht der Kommission 1998, S. 11).

Aktuelle Untersuchungen zeigen auch, dass die Integration des GM-Ansatzes in die europäische Strukturpolitik bis zum heutigen Tag nicht als gelungen angesehen werden kann. Obgleich die EU-Kommission selbst diesen Bereich als erfolgreich bewertet, kommt eine Untersuchung des Brandenburgischen Ministeriums aus dem Jahr 2001 zu eher pessimistischen Schlussfolgerungen:

"Die Aufnahme und Konkretisierung der auf Chancengleichheit ausgerichteten Zielvorstellungen wird im Rahmen der ESF-Verordnung weitgehend, in der EFRE Verordnung punktuell und in der Verordnung des EAGFL minimal kenntlich. Das Vorhaben, gleichstellungspolitische Zielsetzungen von Beginn an in alle Programme konzeptionell zu integrieren, wird somit konterkariert (....) Die finanziell umfangreichen bzw. wirtschaftsstukturpolitisch grundlegend wirkenden Fonds EFRE und EAGFL bleiben auf einen allgemeinem Niveau obgleich auch in diesen Fonds das "mainstreaming" als Aufgabe Erwähnung findet" (Ministerium für Arbeit, Soziales, Gesundheit und Frauen Brandenburg 2001, S. 6).

Auf einer arbeitsmarktpolitischen Konferenz in Österreich (2000) wurde von ähnlichen Erfahrungen berichtet. Diskutantinnen unterstrichen, dass es zwar eine starke Rhetorik des GM in der österreichischen Arbeitsmarktpolitik gebe, diese aber den Effekt hätte, dass arbeitsmarktpolitische Maßnahmen, die sich mit frauenspezifischen Problemlagen beschäftigen nur noch schwer zu begründen und deswegen tendenziell gefährdet seien.

Wir müssen also unterstreichen: GM kann gegen hart erkämpfte Förderkonzeptionen ausgespielt werden, die Frauen als auf dem Arbeitsmarkt strukturell Benachteiligte neue Berufsfelder öffnen, sie qualifizieren und fördern wollen und daher bekanntlich eigenes Personal, eigene Räume, spezifische Rahmenbedingungen und eigene Haushaltslinien benötigen.

Risiko 6: GM in der Arbeitsmarktpolitik kann nur funktionieren, wenn der Ansatz in eine wohlfahrtstaatliche Gesamtpolitik eingebunden ist.

Lassen sie mich die Frage der Risiken am Beispiel der Umsetzung von GM in der europäischen und nationalen Beschäftigungspolitik noch etwas vertiefen.

Meine These hierzu lautet: GM in der Arbeitsmarktpolitik kann nur funktionieren, wenn der Ansatz in eine schlüssige wohlfahrtsstaatliche Gesamtstrategie eingebaut ist und nicht durch andere sie überlagernde und dominierende neoliberale Politikansätze konterkariert und ausgehebelt wird. Genau das scheint mir aber derzeit der Fall zu sein. So haben m. E. die europäischen Beschäftigungsleitlinien für die Frauenerwerbsarbeit weithin kontraproduktive Wirkungen, obwohl sie die Förderung der Chancengleichheit an vielen Punkten ausdrücklich ansprechen. Denn die Luxemburger Beschlüsse zur europäischen Koordinierung der Beschäftigungspolitiken von 1997 sind auf ihre geschlechtsspezifischen Wirkungen hin nicht wirklich zu Ende gedacht worden. Faktisch orientiert sich die europäische Arbeitsmarktpolitik weiterhin am Denkmodell des männlichen Normalarbeitnehmers, mit dem Ergebnis, dass sie die Geschlechterspaltung am Arbeitsmarkt vertieft, statt sie abzumildern. Es reicht einfach nicht aus einen GM-Ansatz zu proklamieren, wenn die gleichzeitig europaweit durchgesetzten Politiken der Privatisierung des Öffentlichen Dienstes, der Flexibilisierung und Deregulierung der Arbeitsverhältnisse, die Einführung von Niedriglohnsektoren und die Dezentralisierung von Tarifverhandlungen den Frauen voll ins Gesicht schlagen. Zugespitzt: Jede dieser aktuell europaweit umgesetzten Strategien hat negative Auswirkungen auf die Gleichstellung der Geschlechter und geht voll zu Lasten des weiblichen Geschlechts und kann durch ein noch so gutes GM in einzelnen Behörden oder Betrieben keineswegs ausgeglichen werden.[1]

Risiko 7: Verpflichtungen der Währungsunion und des Stabilitätspaktes erschweren GM-Politik.

Gefährdungen für ein tragendes wohlfahrtsstaatliches Konzept der Geschlechterdemokratie entspringen aber auch aus neoliberalen europäischen Politikstrategien weitab von Arbeitsmarkt- und GM-Politik. Als kontraproduktiv für die Geschlechtergleichstellung sind insbesondere die von den Regierungen eingegangenen Verpflichtungen der Währungsunion und des Stabilitäts- und Wachstumspaktes von 1998 anzusehen. Im Klartext: mit diesen währungspolitischen Beschlüssen wurden zusätzliche Hindernisse für eine Politik der Gleichstellung im Erwerbs- und Familienbereich aufgerichtet, weil die nationalen und die europäischen Finanzhaushalte auch in der Zukunft weiterhin in ein enges währungspolitisches Korsett eingezwängt werden. In den letzten Jahren war in allen EU-Ländern zu beobachten, dass die Maastrichter Konvergenzkriterien dazu herhalten mussten, disziplinierende Sparpolitiken durchzusetzen. Der nun schon eine Dekade anhaltende Druck auf die Mitgliedsländer, ihre Staatsverschuldung zu reduzieren, hat vorzugsweise zu Einsparungen bei den Sozialausgaben und zur Privatisierung öffentlicher Betriebe mit zum Teil verheerenden Beschäftigungseinbrüchen geführt. Frauen in allen Ländern waren und sind von diesen Maßnahmen in doppelter Hinsicht betroffen, weil die Quantität und Qualität ihrer Arbeitsplätze verschlechtert wird, und weil es starke Einsparungen bei all jenen öffentlichen Dienstleistungen gibt, die zur Vereinbarkeit von Beruf und Familie unerlässlich sind. Schließlich wurden die Sozialleistungen in vielen EU-Ländern in den letzten Jahren abgesenkt, wodurch Frauen vielfältigen Verarmungsrisiken ausgesetzt sind (vgl. Schunter-Kleemann 2001, S. 138).

3 Wo liegen nun die Chancen, wo die Attraktion der GM Strategie?

Vorteil 1: GM mit Behördenautorität ausgestattet

Derzeit sind nicht wenige Aktivistinnen aus dem sozialdemokratischen, gewerkschaftlichen und grünen Spektrum, die für Frauen verbesserte Zugangsmöglichkeiten zu Entscheidungsbastionen in den Behörden, in Politik und Gewerkschaften anstreben, passionierte Streiterinnen für das neue GM-Konzept. "Für die neue Politikmethode gibt es gute gesellschaftliche und ökonomische Argumente: sie verspricht mehr Wirksamkeit", so die Frauenpolitikerin Marianne Weg. Da GM als Managementansatz von oben mit Behördenautorität ausgestattet und der Modernisierungsprozess top-down umgesetzt werde, könne es in hierarchisch aufgebauten Administrationen mit der Umsetzung der Chancengleichheit nun einfach schneller gehen (vgl. Weg 2001, S. 4).

Vorteil 2: Männer können als Bündnispartner für die Gleichstellungspolitik gewonnen werden

Einige geschlechterpolitisch engagierte männliche Wissenschaftler begrüßen GM als ein innovatives Konzept, das der Geschlechtergleichstellung einen neuen Schub verleihen könne, weil auch Männer als

Adressaten und Akteure dieses Politikansatzes gesehen werden (vgl. Mückenberger 2000; Döge 2000; Hyöng 2001, S. 1). Die strategische Stärke von GM als Politikmethode sei gerade die Offenheit des Ansatzes für beide Geschlechter. Die Erweiterung des Blickwinkels auf Frauen und Männer mindere männliche Widerstände, sich mit dem Thema Gleichstellung zu befassen erheblich. Das Konzept transportiere zudem auch neue Entwicklungschancen für solche Männer, die sich nicht den traditionellen Zuschreibungen anpassen wollten und daher oft berufliche Nachteile hinnehmen müssten. Auch vom taktischen Vorgehen könne GM – eher als die oft konfrontative Frauenpolitik – zu Konsens und positiven Aktionen, mal für das eine, mal für das andere Geschlecht führen. "Statt Gleichstellung mit der Brechstange" herbeiführen zu wollen (wie es der Frauenbewegung unterstellt wird), stelle GM eine zeitgemäße und moderne Methode des Bargaining und der Mediation dar, die insofern auch für die Wirtschaft interessant sei. Gelinge es in einem transparenten Abwägungs- und Aushandlungsprozess die Belange beider Geschlechter in den Blick zu nehmen, dann könnten Kompromisse nun fair herbeigeführt und neue Bündnispartner für die Chancengleichheitspolitik gewonnen werden, so die Argumentationslinie männlicher GM-Befürworter (vgl. Hyöng 2001).

Vorteil 3: GM fördert die Expansion eines neuen Arbeitsmarktsegments

Warum gibt es so viele politisch engagierte Frauen und Männer, die auf GM setzen, was macht die spezifische Attraktivität dieses Konzeptes aus?

Die GM-Strategie hat – und darauf hat Christa Wichterich hingewiesen – ein neues Segment qualifizierter Beratungsarbeit im Schnittpunkt von politischer und beruflicher Arbeit hervorgebracht, einen Gender Mainstreaming-Markt.

GM hat in reformwilligen Institutionen und Verwaltungen einen großen Bedarf an ressortspezifischem Wissen, an Trainingskapazitäten und Verfahrensentwicklung erzeugt, den die Organisationen selbst nicht decken können. Also holen sie sich kompetente Feministinnen (oder männliche GM-Spezialisten) aus der NGO-Szene in die Verwaltung oder aber – dies entspricht dem neoliberalen Trend zur Verschlankung des öffentlichen Dienstes und der allgemeinen Tendenz zur Deregulierung und Informalisierung des Arbeitsmarktes – sie kaufen sich auf dem Markt Gender-Expertise auf Zeit. Gender Consultings und Gender Trainings sind entsprechend derzeit eine Wachstumsbranche. Auf dem neuen GM-Markt konkurrieren Frauen- und Frauenprojekte (und wenige Männer) um Partizipation und Einflussmöglichkeiten, Ressourcen und Beschäftigung.

Insofern kommt zu einer neuen Differenzierung in der Frauenbewegung, denn ein immer kleinerer Teil der frauenpolitischen Aktivitäten ist ehrenamtliche Arbeit und ein wachsender Teil wird im Projektformat außenfinanziert geleistet (vgl. Wichterich 2001, S. 131). Wie Barbara Stiegler, eine der bundesdeutschen Protagonistinnen des GM-Konzepts sagt, ist "Mainstreaming ...eine Strategie, die das Einlassen auf Institutionen und das Mitmachen innerhalb dieser Institutionen voraussetzt, eine nicht ganz unumstrittene Voraussetzung, denn die Frauenbewegung als starke politische Kraft lebte gerade von der kritischen Distanz zur etablierten Politik und ihren Institutionen. Mainstreaming passt sich also den vorgegebenen Lösungskalküls an und ist dadurch immer auch beschränkt, andererseits nutzt es die gegebenen Kalküle für die Geschlechterfrage" (Stiegler 1999, S. 22). Dies bleibt meines Erachtens aber nicht folgenlos. Das Projektformat, in das die feministische Arbeit nun zwecks Finanzierung häufig eingepasst wird, prägt auch die politisch-berufliche Arbeit selbst, mit der Gefahr, dass gesellschaftspolitische Visionen leicht gekappt, Herrschafts- und Systemkritik verloren oder kanalisiert werden, weil die Projektarbeit in Planungs-, Überprüfungs- und Evaluierungsschemata gepresst wird. Inhaltlich führt dieses technokratische Planungs- und Durchführungsinstrumentarium zwangsläufig zu einer Politik der kleinen, überprüfbaren Schritte und unterwirft frauenpolitische Arbeit dem Effizienzdogma. Auf diese Weise können Außenfinanzierung und Projektformat als Hebel wirken, um die professionelle Anpassung und Einpassung von feministischen Initiativen an Form und Inhalt marktkonformer Organisationspolitik zu fördern.

Vorteil 4: GM erleichtert ein "Einsickern der Geschlechterfrage" in männerzentrierte Organisationen und Arbeitskulturen

Barbara Stiegler spricht die Hoffnung aus, dass Mainstreaming "ein Durchsickern der Geschlechterfrage in bislang männerzentrierte Denkweisen, Organisationsformen und Verfahrensweisen" bewirke (Stiegler 1999, 27). Umgekehrt kann meines Erachtens genauso gut erwartet werden, dass der GM-Ansatz eine Pazifizierung und Vereinnahmung der Frauenbewegung bewirken wird, weil er die Losungen und (begrenzten) Interessen nur eines Teils der politisch aktiven Frauen aufnimmt.

Exkurs: Alternative Stategien der Frauenbewegung

Vereinfacht gesprochen lassen sich zu Beginn des 3. Jahrtausends in der weltweiten Frauenbewegung zwei unterschiedliche Grundströmungen ausmachen.

Die einen, die gleichstellungsorientiert vor allem auf Verbesserung der Karrierechancen und die Teilhabe an Macht *hier und jetzt* ihr Augenmerk richten. Sie wollen die ökonomische und politischen Ausgrenzung von Frauen überwinden: Zugang, Teilhabe, Integration sind ihre Losungen. Die anderen – und sie sind heute deutlich in der Minderzahl – halten emanzipativ am langfristigen Ziel der Transformation gesellschaftlicher Strukturen fest. Sie sehen die Geschlechtergleichstellung in enger Verknüpfung mit gesellschaftspolitischen Alternativen *jenseits* des Kapitalismus. Es geht dieser zweiten Strömung in der Frauenbewegung auch darum, gesellschaftspolitische Strukturen zu verändern, die den Norden auf Kosten des Südens reicher macht und wo die militärische Lösung von Konflikten noch immer als legitimes Mittel gesehen wird. Den verschärften Angriffen auf den Sozialstaat, der Ersetzung demokratischer Verfahren durch zunehmend autoritäre Politikmethoden – auch in Europa – soll auch frauenpolitisch Paroli geboten werden.

Nachdrücklich sei darauf hingewiesen: Die feministische Orts- und Strategiebestimmung ist gegenwärtig alles andere als einfach. Denn in einer welthistorischen Umbruchphase, in der die sozialistischen Gesellschaftssysteme zusammengebrochen und der Kapitalismus beinahe weltweit als Sieger der Geschichte gefeiert wird, befinden sich alle sozialen Bewegungen – die Gewerkschaften, die Friedensbewegung, die Umweltbewegung in einer schwierigen Phase der Umorientierung. Zudem sind wir allerorten konfrontiert mit der Kunst der Flutung neuer neoliberaler Leitideen. Eine von ihnen ist meines Erachtens das Gender Mainstreaming.

Die wohlfahrtsstaatlichen Visionen der ökonomischen Unabhängigkeit der Frauen, der autonomen Lebensführung und Selbstbestimmung, der eigenständigen sozialen Sicherung, für die Frauen hier und in der Dritten Welt, die im Zentrum wohlfahrtsstaatlicher Politik der 80er Jahre standen, werden durch die offizielle Politik zunehmend aus dem Blickfeld gerückt, nicht zuletzt weil sie hohe finanzielle Ressourcen benötigen, während GM – wie es in vielen Dokumenten heißt – kostenneutral oder sogar kostensparend durchgesetzt werden soll.

Heute unter den Rahmenbedingungen des globalen Standortwettbewerbs, da angeblich die regulativen und finanziellen Mittel der Nationalstaaten erschöpft sind, sind wir in vielen Bereichen konfrontiert mit einem solchen Politikwechsel hin zu neuen, "weichen" – vor allem kommunikativen und interaktiven Politik- und Steuerungsformen. Allerdings – darüber sollten wir uns klar sein, können auch solche weichen Steuerungsformen durchaus einer "Grammatik der Härte" folgen, wenn sie die Verschlankung des Sozialstaats und den "spirit of enterprise", die Markt- und Wettbewerbsorientierung zum unumstößlichen Ideal erheben (vgl. Tidow 1999, S. 302).

GM im Hochschul- und Wissenschaftsbereich

Und es ist mit Sicherheit kein Zufall, dass GM-Politik im Wissenschaftsbereich zeitgleich mit Restrukturierungsmaßnahmen anläuft, in denen Hochschulen und Universitäten angesichts der Finanzkrise des Staates untereinander in einen Wettbewerb um Profile, um Ausbildungs- und Forschungseinrichtungen treten. Sie sollen nun durch eigenständiges Wirtschaften und durch innere Reorganisation ihre Effizienz und Leistungsfähigkeit steigern. Evident ist, dass dieser Vermarktlichungs- und Rationalisierungsprozess mit verschärften neuen Hierarchisierungen, Selektionswirkungen, verstärkter Leistungskonkurrenz, eventuell verschärften Zugangsbedingungen zum Studium einhergehen wird. Beim Lehrpersonal wird die Leistungserbringung und Leistungsdarstellung zukünftig zu noch stärker differenzierten Einkommen und Positionierungen führen. Führungspositionen im Hochschul- und Wissenschaftsmanagement werden herausgehoben und verfestigt, indem sie mit mehr Entscheidungsmacht, höherer Bezahlung und sonstigen Gratifikationen verbunden sein werden (vgl. Roloff 2002, S. 61). Ob dieser Reorganisationsprozess bei geschickter Mainstreaming Politik zu einer Erhöhung der Frauenanteils in Spitzenpositionen und zu einem weiteren Ausbau von Frauen- und Gender Studies führen wird, bleibt abzuwarten. Es wird von strikten gesetzlichen Bestimmungen zur Einbeziehung von Gleichstellungsaspekten in die Mittelverteilung und die Evaluation abhängen, wenn dieser Reorganisationsprozess nicht zu Lasten des weiblichen Geschlechts, das bekanntlich in den Leitungs- und Entscheidungsstrukturen der Hochschulen bisher krass unterrepräsentiert ist, verlaufen soll.

Ambivalenzen des Gender Mainstreaming Ansatzes

Vor diesem Hintergrund stellt sich m. E. die Schlüsselfrage: Ist das Konzept GM geeignet, auf die zentralen Problemfelder und Interessensverletzungen, in denen sich die Diskriminierung von Frauen heute weltweit manifestiert, die richtigen Antworten zu geben. Oder lenkt sie unsere Aufmerksamkeit ab auf (Neben-)Schauplätze, die für einige wenige hoch qualifizierte Frauen vielleicht Verbesserungen bringen, aber keine Kraft mehr für den Kampf gegen die Benachteiligungen von vielen Frauen übrig lassen?

Ich möchte mit dieser Frage ausdrücklich dafür plädieren, das Thema der Macht und der Machtungleichheiten aus der Perspektive der Machtschwächsten und nicht aus der Perspektive der "Wertschöpfungsstarken" anzugehen. Die Kernstrukturen der Frauenunterdrückung im Kapitalismus dürfen nicht ausgeblendet werden.

Der GM-Ansatz tendiert dagegen dazu, das Problem der Machtungleichheiten auf die Teilhabe weniger Frauen an Spitzenkarrieren und Spitzenpositionen zu verengen, und eine Politik der Frauenbefreiung, die auch die Belange der vielen Modernisierungs- und Rationalisierungsverliererinnen, der Migrantinnen, der Frauen in der Dritten Welt in den Blick nimmt, zu verdrängen (vgl. Young 2001, S. 28). Welche Schlussfolgerungen können wir ziehen?

Das nun über Jahrzehnte gegebene Beharrungsvermögen geschlechtsgebundener Arbeitsmarktspaltungen kann nicht oder nur sehr begrenzt mit den Mitteln der Konsensgespräche, des Aushandelns und der Sensibilisierung der Behördenleitungen aufgebrochen werden, wie sie nun die GM-Strategie wiederum vorschlägt. Damit soll nicht abgestritten werden, dass in den neuen Management- und Organisationsentwicklungskonzepten auf neue Spielräume organisatorischer und personaler Gestaltung hingewiesen wird. Die neuen Optionen werden m. E. jedoch grandios überzeichnet. Sie dürften nur die beruflichen Chancen eines kleinen Segments qualifizierter Frauen betreffen. Sie ignorieren gerade jene tief verankerten sozialen und kulturellen Regulierungsmuster die in Betrieb und Gesellschaft zur geschlechtsungleichen Verteilung von Entscheidungs-, Weisungs- und Kontrollbefugnissen führen (vgl. Regenhard 1997, S. 48). Bei Licht gesehen unterstellt der GM-Ansatz, die jahrzehntelangen Bemühungen zur Geschlechtergleichstellung seien fehlgelaufen, weil frau nicht die richtigen Argumente gefunden habe. Heute versucht man mehr Akzeptanz und Öffentlichkeit für die Geschlechtergleichstellung zu gewinnen, dadurch dass eine neue Markt- und Wettbewerbsrhetorik in die Geschlechterdebatte eingeführt wird (vgl. Woodward 2001, S. 29). Frühere sozialistische/sozialdemokratische Begründungen für die Gleichstellung der Geschlechter, die auf soziales Unrecht, auf strukturelle Diskriminierung und Gesetzesverletzungen verwiesen, werden wie heiße Kartoffeln fallengelassen. Stattdessen versucht GM den Personal- und Behördenchefs die Gleichbehandlung mit betrieblichen Vorteilen: mit Kosten-, Kreativitäts-, Effizienz- und Marketingvorteilen schmackhaft zu machen. Ganz ausdrücklich wird den Betrieben und Verwaltungen auch freigestellt, für welche Maßnahmen aus dem möglichen Fächer der GM-Förderpolitik sie sich entscheiden. Zu befürchten ist, dass sie sich – angesichts vielfältiger Zielkonkurrenzen – die Felder herauspicken, die für die Imagepflege dienlich sind. Da die lang andauernden Diskriminierungen der Frauen tief in marktlichen Strukturen, in ökonomischen Verwertungskalküls *und* männlichen Macht- und Segregationsinteressen verankert sind, brauchen diskriminierte Frauen andere, stärkere Herangehensweisen als ein unverbindliches GM. Sie brauchen gesetzlich verankerte starke Regelungen in Form von strikten Quoten, die den Betrieben genaue Zielvorgaben setzen und auch Sanktionsandrohungen enthalten. Der GM-Ansatz enthält solche eindeutigen Festlegungen, Quotenregelungen und Auflagen nicht, sondern schiebt alle diese Fragen den Frauen an der Basis in den Betrieben und Verwaltungen zu, die nun sehen müssen wie sie mit diesem Handlungsansatz zu recht kommen. Verzichten die Regierungen – wie die EU – auf solche verbindlichen Gesetze, dann ziehen sich die Sozialstaaten faktisch aus der Verantwortung. Vor diesem Hintergrund darauf zu setzen, dass sich die Dinge in die richtige Richtung bewegen, weil doch alle inzwischen GM auf die Agenda gesetzt haben, verwischt m. E. die Fronten und schürt trügerische Illusionen.

Was ist neoliberal an der Gender Mainstreaming-Strategie?

Abschließend sollen die wesentlichen Argumente zusammengefasst werden, die GM als einen neoliberalen Politikansatz ausweisen.

GM ist zunächst eine Reaktion auf die Legitimationskrise der EU, die Anfang der 90er Jahre mit dem dänischen Nein zu den Maastrichter Verträgen sichtbar wurde.

Der GM-Ansatz ist aber gleichzeitig auch ein Versuch, auf die schleppende Entwicklung, z. T. sogar Rückschritte beim Ziel der Herstellung von Geschlechtergleichheit eine Antwort zu geben.

GM stellt auch sprachlich eine Alternative zu den kämpferischen Losungen der neuen Frauenbewegung dar.

GM kann als eine Politik der Hoffnung und der Modernisierung ausgewiesen werden ("The seductive force of neoliberalism"). Wie anderen Politikelementen des Neoliberalismus ist auch der GM-Philosophie durchaus eine verführerische Kraft eigen.

Der GM-Ansatz popularisiert die Ideen der *individuellen* Freiheit, des beruflichen und politischen Erfolgs, der Teilhabe an Macht.

Er bringt damit die Aufstiegs- und Karriereerwartungen von qualifizierten Frauen zum Ausdruck.

Frauen werden als Teil der neuen Managementklasse/ Führungselite gesehen und akzeptiert.

Die Förderung weiblichen Unternehmertums ist ein zentraler Aspekt der GM- Philosophie.

Der Ansatz etabliert und konsolidiert ein neues Arbeitsmarktsegment ("gender training" - "gender expertise").

GM transportiert eine Philosophie, die Wettbewerbsfähigkeit mit sozialem Zusammenhalt kombiniert.

Der Ansatz befördert das Eindringen neoliberalen Denkens in die Zivilgesellschaft ("Gender is in - feminism is out").

GM ist ein sogenannter "win-win" Ansatz. Zentrale Behauptung: Alle gewinnen, es gibt keine Verlierer.

GM-Politik stellt mehr eine marktschaffende als marktkorrigierende Politik dar.

Faktisch werden (nur) die *Werte* des Europäischen Sozialmodells, nicht dessen *Institutionen* (Frauenbeauftragte, -ministerien) geschützt; es gibt keine bindenden Regelungen, keine zusätzlichen Finanzmittel; vor allem keine Sanktionen, wenn Behörden den Ansatz nicht umsetzen.

GM lenkt die Aufmerksamkeit auf Fragen der Chancengleichheitspolitik, die für "wertschöpfungsstarke Frauen" Verbesserungen bringen.

Die flagranten Verletzungen der Frauenrechte bei "Marktschwachen" (geringfügig Beschäftigten, Migrantinnen, Frauen in der Dritten Welt u. a.) werden nicht thematisiert und angegangen.

GM ist ein eurozentristischer Ansatz.

Endnoten

[1] Zu konstatieren ist, dass die neuen Arbeitsmarktregime in den meisten EU-Ländern einhergehen mit verschärften Bestimmungen in der Arbeitslosenversicherung, gesetzlichen Einsparungen bei der Arbeitslosen- und Sozialhilfe, verschärften Zumutbarkeitsanordnungen, dem Ausbau von Kontroll- und Meldepflichten u.a.

Unübersehbar haben die europäisch gesteuerten Monitoring und Benchmarking-Prozesse zu intensiviertem grenzüberschreitenden Austausch geführt und damit Entwicklungstendenzen eingeleitet, die nun als "horizontale Europäisierung "beschrieben werden (vgl. Platzer 1999, S. 189). Vor diesem Hintergrund wäre denn auch das vom Gipfel in Lissabon formulierte Beschäftigungsziel der Anhebung der Frauenbeschäftigungsquote neu zu beleuchten. Das Ziel bis 2010 eine Frauenbeschäftigungsquote von mindestens 60 % zu erreichen, wird nur dann einen wirklichen Fortschritt darstellen, wenn die Frauenbeschäftigungsrate auf der Basis von Vollzeitäquivalenten bemessen wird. Andernfalls werden gerade die Formen der Diskriminierung von Frauen auf dem Arbeitsmarkt - das Wachstum von Teilzeitarbeit oder ungeschützten Beschäftigungsverhältnissen - in perverser Weise als Maßstab des "Erfolgs von "Gender Mainstreaming herausgestellt werden.

Literatur

(*) weiterführende Literatur

(*) Braunmühl, Claudia von (2000): Mainstreaming Gender zwischen herrschaftskritischem und bürokratischem Diskurs. In: Jahrbuch Lateinamerika. Analysen und Berichte. Band 24. Geschlecht und Macht. Berlin, S. 139- 152.

BT-DRs 13 / 8600 vom 28. 08. 1997 Berichte für die Europäische Kommission zur Umsetzung des ESF in der Bundesrepublik Deutschland (Zeitraum 1994 - 1996) hier: Verwirklichung der Chancengleichheit von Männern und Frauen.

EP (Europäisches Parlament) (1997): Sitzungsdokumente. Bericht über die Mitteilung der Kommission - Einbindung der Chancengleichheit in sämtliche politischen Konzepte und Maßnahmen der Gemeinschaft - "Mainstreaming" (Kokkola Bericht 1997), Anhang: Stellungnahmen des institutionellen und des sozialen Ausschusses des EP 1997).

Flynn, Padraig (1998): "Mainstreaming" - eine grundlegend neue Angehensweise der Chancengleichheit im Rahmen der künftigen Strukturfonds. In Frauen Europas Info Nr. 78, März-April 1998, S. 1.

Frauen Europas Info 74, Juni 1998, S. 1-3. "Gender Mainstreaming".

Hyöng, Stephan (2001): Gender mainstreaming statt Quote? Zur neuen gleichstellungspolitischen Konzeption in der Erwerbsarbeit. Thesen zur Tagung der Rosa-Luxemburg -Stiftung am 18./ 19. Mai 2001. Berlin.

(*) Hyöng, Stephan; Schwerma, Klaus (2002): Gender Mainstreaming - Möglichkeiten und Grenzen aus der Perspektive von Männern. In: Nohr, Barbara; Veth, Silke (Hrsg.) Gender Mainstreaming - Kritische Reflexionen einer neuen Strategie. Berlin, S. 56-62.

Kommission der Europäischen Gemeinschaften (1996): Mitteilung der Kommission "Einbindung der Chancengleichheit in sämtliche politischen Konzepte und Maßnahmen der Gemeinschaft". Brüssel 21.02.1996.

Kommission der Europäischen Gemeinschaften (1998): Fortschrittsbericht der Kommission über Folgemaßnahmen zu der Mitteilung "Einbindung der Chancengleichheit in sämtliche politischen Konzepte und Maßnahmen der Gemeinschaft. Brüssel 4.03.1998.

Krell, Gertraude (1997): Mono- oder multikulturelle Organisationen? Managing Diversity auf dem Prüfstand. In: Kadritzke, Ulf (Hg.): Unternehmenskultuen unter Druck. Neue Managementkonzepte zwischen Anspruch und Wirklichkeit. Berlin, S. 47-66.

Krell, Gertraude (2000): Managing Diversity - Chancen für Frauen. In: Kobra (Hg.) Managing Diversity - Ansätze zur Schaffung transkultureller Organisationen. Kobra-Werkstattpapier zur Frauenförderung Nr. 14. Berlin , S. 27-35.

Mückenberger, Ulrich (2000): in Niedersächsisches Ministerium für Frauen, Arbeit und Soziales (Hg.) Gender Mainstreaming. Informationen und Impulse.Autorinnen. Gertraude Krell, Ulrich Mückenberger, Karin Tondorf. Hannover, S. 7-8.

Niedersächsisches Ministerium für Frauen, Arbeit und Soziales (Hg.) (2000): Gender Mainstreaming. Informationen und Impulse. Autorinnen: Gertraude.Krell; Ulrich. Mückenberger; Karin Tondorf. Hannover 2000.

(*) Nohr, Barbara; Veth, Silke (Hg.) (2002): Gender Mainstreaming - Kritische Reflexionen einer neuen Strategie. Berlin.

(*) O.A. (2001): Wir brauchen die Besten. In: Total E- Quality H. 6, S. 1-2.

O.A. (2000): Auch Frauenbeauftragte warnen vor Rückschritten. In: Zweiwochendienst 164/, S. 5.

Regenhard, Ulla (1997): Dezentralisierung als Schritt zum Abbau der Geschlechterdifferenz? In: WSI-Mitteilungen 1/1997, S. 38-50.

Roloff, Christine (2001): "Gender Mainstreaming" im Kontext der Hochschulreform: Geschlechtergerechtigkeit als Reformstrategie an der Universität Dortmund. In: Zeitschrift für Frauenforschung 3, S. 58-71.

(*) Rubery , Gill; Fagan, Colette (1998): Chancengleichheit und Beschäftigung in der Europäischen Union. Hg. Bundesministerium für Arbeit, Gesundheit und Soziales und Bundesministerium für Frauenangelegenheiten und Verbraucherschutz. Wien.

Schunter-Kleemann, Susanne (1993): Geschlechterdifferenz in der politischen Debatte zur Europäischen Union. Prokla 92, S. 451- 472.

(*) Schunter-Kleemann, Susanne (1999): Mainstreaming as an Innovative Approach of the EU Policy of Equal Opportunities? Hochschule Bremen, University of Applied Sciences, Wissenschaftliche Einheit Frauenstudien und Frauenforschung Discussion papers 3, S. 1- 30.

(*) Schunter-Kleemann, Susanne (2000): Gender mainstreaming as a strategy for modernising gender relations? In: Family issues between gender and generations. Seminar report. Sylvia Trnka (Ed.) European Commission, Directorate-General for Employment and Social Affairs and European Observatory on Family Matters, Luxembourg, S. 79-85.

Schunter-Kleemann, Susanne (2001): Doppelbödiges Konzept. Ursprung, Wirkungen und arbeitsmarktpolitische Folgen von Gender Mainstreaming. In: Forum Wissenschaft 2, S. 20-24.

(*) Schunter-Kleemann, Susanne (2002): Gender Mainstreaming, Work Fare und Dritte Wege des Neoliberalismus. In: Barbara Nohr; Silke Veth (Hg.): Gender Mainstreaming. Kritische Reflexionen einer neuen Strategie. Berlin 2002, S. 125-140.

Stiegler, Barbara (1999): Frauen im Mainstreaming. Politische Strategien und Theorien zur Geschlechterfrage. Friedrich-Ebert-Stiftung. Bonn 1999.

Tidow, Stefan (2000): Benchmarking als Leitidee Zum Verlust des Politischen in der europäischen Perspektive. In: Blätter für deutsche und internationale Politik 4, S. 301-309.

(*) Tondof, Karin (2001): Gender Mainstreaming - verbindliches Leitprinzip für Politik und Verwaltung. In: WSI-Mitteilungen 4, S. 271-277.

Weg, Marianne (2001): Gender Mainstreaming als gleichstellungsfördernde Politikmethode. Unveröffentlichtes Papier, Wiesbaden.

Wichterich, Christa (2001): From Passion to Profession? Mehr Fragen als Antworten zu Akteurinnen, Interessen und Veränderungen politischer Handlungsbedingungen der neuen Frauenbewegung. In: Zeitschrift für Frauenforschung 1-2, S. 128-137.

Woodward, Alison E. (2001): Gender Mainstreaming in European Policy: Innovation or Deception? In: WZB -Discussion paper FS I 01-103.

Wulf-Mathies, Monika (1998): The inclusion of Equal Opportunities in Structural Fund operations. Speech given at the Conference on Equal Opportunities and the Structural Funds. Viano do Castelo, Portugal. 14 September 1998.

(*) Young, Brigitte (2000): Die Herrin und die Magd. Globalisierung und die Re-Konstruktion von "class, gender and race". In: Widerspruch 38, Januar 2000, S. 47-59.

Young, Brigitte (2001): Geschlechterdemokratie für Wertschöpfungsstarke. In: Forum Wissenschaft 2, S. 38-41.

Ziegler, Astrid (2001): Europäische Beschäftigungsstrategie und Gender Mainstreaming - Neue Impulse für die Frauenförderung in Sicht? In: WSI-Mitteilungen 5, S. 337-343.

Rahmenbedingungen für die nationale Fiskalpolitik in Europa – Bestimmungsgründe und Determinanten

Walpurga Köhler-Töglhofer[1]

Seit Beginn 1999 ist Österreich Mitglied der Europäischen Union. Dies bedeutet den Verzicht auf ein wirtschaftspolitisches Stabilisierungsinstrument, nämlich Geldpolitik. Der Fiskal- und der Lohnpolitik kommt theoretisch in diesem neuen „Setting" eine wesentlich stärkere Bedeutung zu; insbesondere zur Stabilisierung des Outputs im Falle asymmetrischer Schocks.

In der Wirtschafts- und Währungsunion (WWU) ist die Fiskalpolitik zwar grundsätzlich in nationaler Verantwortung verblieben, allerdings ist sie nunmehr in ein recht enges Korsett gezwängt. Österreich ist, wie die anderen EU-Staaten, verpflichtet, sowohl die Vorgaben des Maastricht-Vertrags als auch des Stabilitäts- und Wachstumspakts (SWP) einzuhalten. Hieraus resultieren zwar keine direkten Beschränkungen der Entscheidungen bezüglich der Einnahmen- und Ausgabenstruktur der einzelnen Budgets, sehr wohl aber indirekte. Einerseits durch die Vorgabe eines absoluten Defizitlimits von max. 3 % des BIP (außer bei außerordentlichen Konjunktureinbrüchen, Wachstumsrückgang von mehr als 2 %!) sowie von der Notwendigkeit, die Schuldenquote auf zumindest 60 % zu reduzieren. Der SWP präzisiert die Vorgaben für eine dauerhaft solide Fiskalpolitik mit der Forderung nach einem – mittelfristig – Erzielen eines strukturell ausgeglichenen Budgetsaldos. Andererseits durch die gegenwärtige Diskussion der „Qualität der öffentlichen Finanzen", die explizit auf die Analyse der Struktur der Einnahmen- und Ausgabensysteme der einzelnen Länder im Hinblick auf ihre wachstums- und beschäftigungspolitischen Implikationen abstellt.

Aber nicht nur von diesen Koordinierungsbedürfnissen innerhalb der EU gehen Handlungsbeschränkungen für den nationalen Budgetspielraum aus. Eine andere wesentliche Beschränkung geht von der zunehmenden Offenheit bzw. Integriertheit der einzelnen Volkswirtschaften aus, von der zunehmenden Mobilität der Produktionsfaktoren mit signifikanten Effekten auf die einnahmenseitige Gestaltung der Budgets und damit auch auf die ausgabenseitigen Möglichkeiten. Diese impliziert spezifische Wirkungen auf die Verteilungsfunktion des öffentlichen Sektors bzw. auch auf die Effektivität der automatischen Stabilisatoren und damit auf die Stabilisierungsfunktion des öffentlichen Sektors.

Als dritte Determinante der gegenwärtigen Budget- bzw. Wirtschaftspolitik kommt eine geänderte Prioritätensetzung bezüglich der einzelnen wirtschaftspolitischen Ziele zum Tragen. Während Verteilung und Stabilisierung grundsätzlich an Wichtigkeit verlieren, gewinnt die Allokationsfunktion des öffentlichen Sektors (Ausrichtung auf mittel- langfristige Zielsetzungen) an Bedeutung. Ein quasi „a-priori-Ziel" ist damit die Reduktion des öffentlichen Sektors, da Untersuchungen belegen, dass hohe Abgabenquoten das langfristige Wachstum beeinträchtigen könnten.

Gesamtstaatliche Budgets vermitteln ein sehr konkretes Bild davon, was der Staat tut, bzw. wofür er seine Einnahmen verwendet und woher er diese nimmt. Das tatsächliche Ausmaß und die Zusammensetzung von Ausgaben und Einnahmen in den einzelnen Mitgliedsländern der EU wird einerseits durch sozio-ökonomische und politische Faktoren (nationale Präferenzen) bestimmt, andererseits aber auch durch *„exogene" Faktoren*, wie die zunehmende Öffnung der Volkswirtschaft bzw. Integrationsfortschritte und durch die „europäischen Koordinierungsgegebenheiten" in Form konkreter Vorgaben hinsichtlich des budgetären Gesamtergebnisses. Diese Vorgaben beziehen sich auf den Budgetsaldo und auf den Entwicklungspfad der Staatsschuldenquote der jeweiligen Mitgliedstaaten.

Im vorliegenden Artikel sollen die aus meiner Sicht wesentlichen drei Bestimmungsgründe der nationalen fiskalpolitischen Entwicklungen der letzten Jahrzehnte in Europa diskutiert werden. Diese sind:

1. ein genereller Wandel in der Einschätzung der spezifischen wirtschaftspolitischen Problemlagen bzw. eine Neugewichtung bzw. Veränderung der wirtschaftspolitischen Prioritäten;
2. die Integration bzw. zunehmende Offenheit der Volkswirtschaften; sie erschweren die Aufrechterhaltung einer am Leistungsfähigkeitsprinzip orientierten Verteilungspolitik und die Stabilisierungsfunktion der Staaten;
3. die europäische Koordinierung der in nationaler Verantwortung verbliebenen Fiskalpolitik zur Unterstützung bzw. zur Absicherung der Glaubwürdigkeit einer gemeinsamen stabilitätsorientierten Geldpolitik.

1 Genereller Wandel in der Einschätzung der spezifischen wirtschaftspolitischen Problemlagen bzw. eine Neugewichtung bzw. Veränderung der wirtschaftspolitischen Prioritäten

In der ökonomischen und wirtschaftspolitischen Debatte in den USA und in der Folge auch in Europa hat es im Laufe der letzten 25 Jahre einen starken Wandel in der Prioritätensetzung gegeben. Waren in den 60er Jahren bis etwa Mitte der 80er Jahre die Probleme des Arbeitsmarktes bzw. „Marktversagen" in jedweder Form und dessen Behebung vorrangig, wurde darauf folgend das Augenmerk auf Disinflation bzw. Preisstabilität gelegt. Das Augenmerk ging weg von den Bedürfnissen des Faktors Arbeit i. w. S. und wendete sich den Bedürfnissen des Faktors Kapitals zu. Bestand vorher die Tendenz zur Regulierung i. w. S., trat beginnend mit den 80er Jahren in den USA durch die Wiederauferstehung des Glaubens an die Selbstheilungskräfte des Marktes die Forderung nach Deregulierung und Liberalisierung sowie nach Reduktion des ausufernden Staatsanteils in den Vordergrund. In Europa wurde diese Diskussion in den neunziger Jahren zudem noch von der Debatte über die Weiterentwicklung der EU zur Europäischen Währungsunion als dritter Stufe eines europäischen Entwicklungsvorhabens überlagert.

Hatte "Marktversagen" in jeglicher Hinsicht, ob allokativ oder distributiv, in den europäischen Sozial- und Wohlfahrtstaaten dem öffentlichen Sektor im Laufe der 70er und beginnenden 80ger Jahre also beinahe eine "Ausfalls- oder Notkompetenz" überantwortet, so wurde diesem Phänomen vor allem im Laufe des letzten Dezenniums „Staatsversagen" gegenübergestellt, d.h. Ineffizienzen in der Bereitstellung von Güter und Dienstleistungen.

Hatte sich in den siebziger und auch noch in den 80er Jahren eine beständige Aufgabenumverteilung zwischen Familie und Markt hin zum Staat ergeben, so kommt es seit Mitte/Ende der achtziger Jahre – mit dem Erkennen der langfristigen Finanzierungsproblematik – zu einer teilweisen Rückverlagerung von Aufgaben in den privaten Sektor (Privatisierungen und Outsourcing). Zudem kommt es in einem zunehmenden Ausmaß zu Kostenbeteiligungen im Bereich der sozialen Sicherheit. Alle europäischen Staaten versuchen die langfristigen Wachstumstrends der wichtigsten Ausgabenkategorien (Pensions- und Gesundheitsausgaben) zu dämpfen – dies auch mit Blick auf die budgetären Kosten der zunehmenden Alterung der Gesellschaft.

Betrachtet frau den Wandel der wirtschaftspolitischen Prioritäten anhand der grundsätzlichen Staatsfunktionen, d.h. anhand der Wichtigkeit von Allokation, Distribution/Verteilung und Stabilisierung, so lässt sich feststellen, dass der Schwerpunkt in den 60er Jahren m. E. auf Allokation und Stabilisierung (alle waren Keynesianer) lag; in den 70er Jahren auf Distribution und Stabilisierung. In den 80er Jahren kam es aber zu einem grundsätzlichen Wandel in der Betrachtung der Kernfunktionen des Staates bzw. zur Zurückdrängung der Stabilisierungs- als auch der Verteilungsfunktion.

Unzulänglichkeiten des fiskalpolitischen Fine-Tunings zur Stabilisierung des Outputs der einzelnen Volkswirtschaften rückten ins Zentrum der wirtschaftspolitischen Diskussion. Destabilisierung anstelle der Stabilisierung von Output und Beschäftigung in Folge von Lags in den Entscheidungen bzw. bei der Implementierung bildete einen Ansatzpunkt für Kritik an keynesianisch orientierter Stabilisierungspolitik mittels fiskalpolitischer Maßnahmen. Der diskretionären Fiskalpolitik wurde in Folge dieser Diskussion die Stabilisierungsfunktion weitestgehend abgesprochen. Der Fiskalpolitik wurde nur noch die Verteilungsfunktion zugestanden. Bei näherer Betrachtung zeigt sich allerdings, dass auch diese Funktion durch die beginnenden Konsolidierungsdebatten de facto stark beschnitten worden ist. Die Konsolidierungsbestrebungen sind weder in Österreich noch in anderen europäischen Ländern bzw. in den entwickelten OECD-Staaten per se eine fiskalpolitische Zielsetzung alleinig der 90er Jahre, sie rückten bereits Mitte der 80er Jahre ins Zentrum budgetpolitischer Diskussionen.

Die 70er und 80er Jahre waren auf Grund wiederkehrender struktureller Defizite von einer eher halbherzigen keynesianischen Wirtschafts- und Fiskalpolitik gekennzeichnet. Häufig wurden in Phasen von Konjunktureinbrüchen prozyklische Maßnahmen ergriffen und damit die zyklischen Schwankungen verstärkt. Die mit den strukturellen Defiziten einher gehenden steigenden Staatsschuldenquoten führten zu steigenden Zinsausgaben in % des BIP, was den Ausgabenspielraum der Staaten merklich beschränkte. Die Einführung von sozialpolitisch an sich wünschenswerten Transferleistungen im Zuge des Ausbaus des Sozialstaates führte zu einer zunehmenden steuerlichen Belastung von Arbeit und Konsum.

Insbesondere seit Beginn der 90er Jahre wird diskutiert, ob der steigende Finanzierungsbedarf zur Bedeckung der vielfältigen Aufgaben der Wohlfahrtsstaaten in Form steigender Steuerkeile (Keil zwischen Kosten pro einer Einheit/Stunde Arbeit für den Arbeitgeber und Nettolohn für den/die ArbeitnehmerIn) negative Effekte auf das langfristige Wachstumspotential der europäischen Volkswirtschaften impliziert bzw. überhaupt verantwortlich für das relative Zurückbleiben der Wachstumsraten in Europa sei. Die Folge dieser Diskussion ist nicht nur eine gravierende Restrukturierung bzw. Reformierung der Steuerpolitik bzw. der -gesetze, sondern auch eine Restrukturierung und tendenzielle Leistungskürzung im Bereich der Sozialtransfers auf der Ausgabenseite.

Der Beseitigung staatlich kreierter Armutsfallen und Schwellenphänomenen wird in der gegenwärtigen Diskussion um die Hebung des langfristigen Wachstumspotentials der europäischen Staaten bzw. der Anhebung der Erwerbsquote eine große Bedeutung beigemessen. Was kann Europa tun, um Wachstum und Beschäftigung zu fördern? Das ist die zentrale Frage im Rahmen des so genannten Lissabonner Prozesses, der Europa in dieser Dekade zur wettbewerbsfähigsten Region der Welt machen soll. Neben der Reformierung der Transfer- und Steuersysteme, geht die Diskussion auch in Richtung der Förderung einer stärkeren Beteiligung spezifischer Bevölkerungsgruppen, insbesondere Frauen, am Arbeitsmarkt. Allerdings ist die Schaffung der hiezu nötigen Rahmenbedingungen in Folge konservativ-gegengerichteter Strömungen bislang nicht wirklich in Angriff genommen worden. In Österreich gehen insbesondere von der Familienpolitik gegengerichtete Incentive-Effekte aus, auch gibt es nach wie vor keine hinreichenden Kinderbetreuungseinrichtungen, um Frauen mit Kleinkindern tatsächlich das Verbleiben am Arbeitsplatz oder den raschen Wiedereinstieg in den Job zu ermöglichen. In anderen europäischen Staaten ist die unzureichende Erwerbsbeteiligung der Frauen mitunter auch eine Folge des Steuersystems. Familienbesteuerung oder Ehegatten- bzw. Ehegatten- und Kindersplitting haben eindeutige negative Anreizeffekte für die Arbeitsaufnahme der Frauen, im ersten Fall werden Frauen als typische Zweiteinkommensbezieherinnen für die Arbeitsaufnahme bestraft, im zweiten Fall (Splitting) für die Nichtaufnahme belohnt.

2 Integration und zunehmende Offenheit der Volkswirtschaften

2.1 Offenheit der Volkswirtschaften und Steuerpolitik

Die grundsätzlich in nationaler Verantwortung verbliebene Fiskalpolitik ist einerseits durch die Koordinierungsbedürfnisse in der Wirtschafts- und Währungsunion geprägt. Andererseits wird der nationale budgetpolitische Handlungsspielraum – einnahmenseitig – von der Freizügigkeit der Produktionsfaktoren tangiert. Die Liberalisierung des kurzfristigen Kapitalverkehrs, die Fortschritte in der Informations- und Kommunikationstechnologie und die einheitliche Währung für bislang 12 Teilnehmerländer der Europäischen Union haben die Transaktionskosten i. w. S. vor allem für grenzüberschreitende, auf kurzfristige Renditemaximierung orientierte Kapitalströme erheblich gesenkt und damit die Mobilität des Kapitals weiter erhöht. Aber nicht nur die durch die Liberalisierung des (kurzfristigen) Kapitalverkehrs geänderten Rahmenbedingungen der Steuerpolitik beschränken die nationale steuerpolitische Gestaltungsfreiheit bzw. Autonomie der einzelnen Staaten, auch die zunehmende Mobilität von Beschäftigten, d.h. des Faktors Arbeit, und hier insbesondere jenes Segments, das durch gute Ausbildung (= Humankapital) gekennzeichnet und besonders leistungsfähig ist.

Faktum ist, dass die Grundzüge der derzeitigen Steuersysteme in Zeiten regulierter Außenbeziehungen bzw. relativ geschlossener Volkswirtschaften entwickelt wurden. Grenzüberschreitende Kapitalströme waren aufgrund bestehender Kapitalverkehrskontrollen kein Problem für die nationale Steuerpolitik; die internationale Wanderung der Produktionsfaktoren wie der Güter unterlag Reglementierungen, weshalb Spillover-Effekte und Externalitäten nationaler Steuerpolitik vernachlässigbar waren. Mann (frau durfte nicht wirklich mitdiskutieren!) konnte sich grundsätzlichen Fragen der Einkommensbesteuerung, wie der Diskussion der zugrunde liegenden Prinzipien und ihres verteilungs- und stabilitätspolitischen Einsatzes zuwenden. Verteilungspolitische Aspekte waren den Effizienzargumenten in Bezug auf die Einkommensbesteuerung zumindest gleichrangig, wenn nicht übergeordnet. Im Laufe der achtziger Jahre verlagerte sich mit dem Aufkommen der – ebenfalls auf geschlossene Volkswirtschaften konzentrierten – intertemporalen optimalen Steuertheorie die Diskussion zunehmend auf die wachstumstheoretischen Effekte der (Kapital-)Besteuerung. Natürlich gab es heftige Diskussionen um die Inzidenz der einzelnen Steuern, d.h. um die Frage, wer letztlich die Last einer spezifischen Steuer tatsächlich zu tragen hat. Auch gab es Diskussionen über den Zusammenhang zwischen hoher Steuerlast und dem Ausweichen in den informellen Sektor – ein Problem, das in einen „vicious circle" resultieren kann, da das Ausweichen eine Schrumpfung der Steuerbasis und damit ein sich verringerndes Steueraufkommen impliziert.

Die Staaten hatten also grundsätzlich volle Souveränität bezüglich ihrer steuerpolitischen Entscheidungen. Außerfiskalische Zielsetzungen der Besteuerung, wie die Verfolgung von Wachstums- und Strukturpolitik, konnten ohne internationale Spillover-Effekte angepeilt werden. Investitionsbegünstigungen bildeten bis in die achtziger Jahre ein zentrales wirtschaftspolitisches, sowie struktur- und wachstumspolitisches Instrument nationaler Wirtschaftspolitik. Investitionsbegünstigungen stimulierten die Investitionsnachfrage; sie antizyklisch einzusetzen, entsprach dem stabilitätspolitischen Einsatz von Steuern. Strategische Wirtschaftspolitik mit dem Ziel des Maximierens der eigenen nationalen Wohlfahrt ohne Berücksichtigung davon ausgehender (negativer) Spillover-Effekte auf die anderen Länder war nicht Angelegenheit der Steuerpolitik, eher der Handels- und Wechselkurspolitik. Noch die großen Steuerreformen der 80er Jahre spiegelten vor allem die Sorgen der Industrieländer über Investitions- und Wachstumsbedingungen in ihren Ländern wider. Senkungen der Steuersätze auf Kapitaleinkünfte sollten Anreize für die Ersparnisbildung und Investitionen und damit verbesserte Wachstumsbedingungen schaffen. Zudem veranlasste die Steuerhinterziehung in Bezug auf inländische Kapitaleinkünfte durch Nichtdeklarierung einige Länder, darunter auch Österreich, zu einem Übergang zum Quellenabzug, andere zu einem Meldesystem, um eine bessere Durchsetzung der Gerechtigkeitspostulate der Besteuerung zu erreichen.

Die zunehmende Öffnung der Volkswirtschaften, insbesondere die Liberalisierungsmaßnahmen, ermöglicht mobilen Steuerbasen nunmehr aber das Ausweichen gegenüber steuerlichen Belastungen und Regulierungen. Dies hat zur Folge, dass steuerpolitische Maßnahmen im Inland nicht mehr unabhängig vom Ausland durchgeführt werden können, wenn es AnlegerInnen bzw. InvestorInnen möglich ist, grenzüberschreitende Transaktionen ohne staatliche Kontrollen durchzuführen und entsprechend ihrer Nutzenmaximierungsstrategien auf einen Ausgleich zwischen in- und ausländischen Nettorenditen abzustellen.

In diesem geänderten Umfeld kristallisieren sich vor allem im Bereich der Kapitalbesteuerung i. w. S. zunehmend Wettbewerbsaspekte (Steuern als Standortfaktor im Zusammenhang mit der Verschärfung der Wettbewerbspolitik innerhalb der EU, Steuern als Determinante der Gewinnallokation trans- bzw. multinationaler Unternehmen) heraus. So können die in beinahe allen OECD-Staaten durchgeführten Reduktionen der Steuersätze auf Kapitaleinkünfte und im Rahmen der Unternehmensbesteuerung während der 90er Jahre als Indiz dafür gewertet werden, dass sich Staaten in Folge der zunehmenden Mobilität gezwungen sahen, die Steuerbelastung auf diese mobilen Faktoren zu reduzieren, um steuerinduzierte Kapitalexporte bzw. Standort- und Gewinnverlagerungen zu verhindern.

Allerdings sind die geänderten Umfeldbedingungen nicht nur in Bezug auf „offensive“ Maßnahmen der internationalen Standortkonkurrenz von Bedeutung, sondern grundsätzlich in allen Bereichen, wo die Steuerbasis eine hohe internationale Mobilität aufweist. Hier beschränken die Steuerstrukturen anderer Staaten den eigenen nationalen steuerpolitischen Spielraum – selbst dann, wenn diese Steuerstrukturen nicht auf eine bewusste Politik des offensiven Wettbewerbs zurückgehen.

Eine hohe Mobilität der Steuerbasen, gekoppelt mit Steuerwettbewerb zwischen den Staaten erschwert nun aber die Aufrechterhaltung der Verteilungsfunktion der öffentlichen Hand, speziell den verteilungspolitischen Einsatz von Kapitalsteuern. Kapitalmobilität bietet die Möglichkeit des „free-rider-Verhaltens", da Kapital losgelöst von seinem Besitzer angelegt werden kann bzw. „wirtschaften" kann. Die Mobilität führt dazu, dass Kapitaleigner Leistungen des Wohnsitzlandes in Anspruch nehmen können, ohne dafür in Form von Steuern auf ihre Kapitaleinkünfte, beizutragen.

Aus Sicht der traditionellen Finanzwissenschaft sollte sich die Einkommensbesteuerung grundsätzlich an der ökonomischen Leistungsfähigkeit der Steuerpflichtigen orientieren. Speziell im Kapitaleinkommen wird von BefürworterInnen einer traditionellen, umfassenden Einkommensteuer ein „Zuwachs an ökonomischer Leistungsfähigkeit" gesehen, der grundsätzlich wie alle anderen Einkunftsarten zu versteuern ist. Aus verteilungspolitischer Perspektive handelt es sich zudem um einen Zuwachs der Leistungsfähigkeit, der vor allem Beziehern hoher Einkommen bzw. Finanzvermögensbesitzer zuteil wird.

Diese geänderten Umfeldbedingungen machen eine steuerpolitische Koordinierung zwischen den einzelnen Staaten erstrebenswert; in Bezug auf hochmobile Steuerbasen, wie Portfoliokapital, erfordern sie eine harmonisierte Vorgehensweise, um suboptimal niedrige Steuersätze auf derartige mobile Steuerbasen zu verhindern. Wie schwierig es aber ist, eine einheitliche Vorgehensweise in Europa in Steuerfragen zu erzielen, zeigen die langwierigen Verhandlungen um die Harmonisierung der Besteuerung von Zinseinkünften in der EU. Diese Diskussion ist in der Tat eine Langwährende; sie begann bereits in der zweiten Hälfte der 80er Jahre, erst 2000 konnte eine *„halbherzige"* Einigung erzielt werden.[2]

Die Schwierigkeiten, die einem diesbezüglichen koordiniertem Vorgehen im Weg stehen, ergeben sich aus den unterschiedlichen steuerpolitischen Präferenzen der Länder, d.h. aus unterschiedlichen Präferenzen bezüglich Steuerstrukturen und der Ausgestaltung spezifischer steuerlicher Regelungen sowie aus Befürchtungen vor potentiellen Standortnachteilen (vor allem mit Bezug auf Bank- und Finanzdienstleistungen) bzw. interjurisdiktionalen Steuerumverteilungseffekten.

Aus Sicht der Frauen lassen sich hieraus zwei – nicht allzu erfreuliche – Erkenntnisse ableiten: Zum einen ist eine steuerpolitische Harmonisierung in Europa kaum erzielbar; dies schwächt die Finanzierungsseite der einzelnen Staaten und bedingt damit einen weiteren Druck in Richtung Reduktion von öffentlichen Ausgaben; zum anderen wird in diesem geänderten Umfeld Mobilität per se wichtig. Trifft die These zu, dass die Mobilität von Frauen, insbesondere jener mit Kindern stark beeinträchtigt ist, zählen sie zu den Verlierern dieser geänderten Umfeldbedingungen. Sie zählen erst recht zu den Verlierern, wenn frau mit in Betracht zieht, dass diese Gruppe überproportional von öffentlichen Transfers abhängig ist.

Unterstellt frau, dass Männer gemäß ihrer traditionellen "Machtposition" in der Familie und aufgrund relativ höherer Einkommen bessere Möglichkeiten zum Akkumulieren haben, und damit eine relative größere Verfügbarkeit über den Faktor Kapital aufweisen, so sind die gegenwärtigen steuerpolitischen Entwicklungen aus Sicht der Frauen besonders kritisch einzuschätzen.

Die Bedenklichkeit verstärkt sich noch, wenn frau auch die zunehmende Mobilität des Faktors Arbeit – speziell jener mit hohem Humankapital – in Betracht zieht, da hierdurch der verteilungspolitische Einsatz von Einkommensteuern generell erschwert wird. Gemäß dem Ramsey-Prinzip sollen unelastische Steuerbasen stärker besteuert werden. Eine Alternative dazu ist die verstärkte Besteuerung des Konsums, die – in der statischen Betrachtung – eindeutig regressive Effekte aufweist und ebenfalls Frauen vergleichsweise stärker belastet.

2.2 Offenheit der Volkswirtschaften und automatische Stabilisierung

Fiskal- und Lohnpolitik spielen speziell in einer Währungsunion im Falle des Auftretens von asymmetrischen Schocks eine besondere Rolle, steht doch das geld- bzw. währungspolitische Stabilisierungsinstrument auf nationalstaatlicher Ebene nicht mehr zur Verfügung – soweit die Theorie. Kommt es zu Schocks, von denen alle Währungsunionsländer betroffen sind, liegt die stabilitätspolitische Zuständigkeit grundsätzlich bei der einheitlichen Geldpolitik – immer aber mit Blick auf deren oberstes Ziel, die Erhaltung bzw. Sicherung der Preisstabilität. Im Falle von asymmetrischen Schocks, d.h. wird nur ein Land oder einige wenige von einem Schock betroffen, liegt die Zuständigkeit bei den nationalen Fiskal- oder/und Lohnpolitiken. Diese Zuständigkeit bezieht sich (in der institutionellen europäischen Diskussion) aber grundsätzlich nur auf den Einsatz, d.h. das Wirkenlassen der automatischen Stabilisatoren. Die Effektivität der automatischen Stabilisatoren hängt nun grundsätzlich mit der Größe des öffentlichen Sektors, der Progressivität des Steuersystems, der Ausgestaltung der Transfers im Falle von zyklischen Schwankungen, und der Offenheit der Volkswirtschaften zusammen. Umso offener die Volkswirtschaft, umso größer der Anteil der staatlichen Ausgaben, der ins Ausland verpufft, umso größer der Anteil der Importe am Konsum der Haushalte und an den Investitionen der Unternehmen und umso schwächer die Wirkung der automatischen Stabilisatoren. In dieselbe Richtung geht auch die Reduktion des Staatsanteils, die Entschärfung der Progression der Steuersysteme und die Beschneidung der Arbeitslosigkeitstransfers.

Tangiert die Frauen per se die Thematik „Stabilisierungsfunktion des öffentlichen Sektors“? Ja, auch sie sind von zyklischen Schwankungen der Auslastung betroffen. Sofern davon ausgegangen werden kann, dass Frauen relativ stärker im sekundären Arbeitsmarkt vertreten sind bzw. stärker von atypischen Beschäftigungsverhältnissen betroffen sind, ist wahrscheinlich auch die Annahme legitim, dass sie in Zeiten von konjunkturellen Abschwüngen einem stärkeren Arbeitslosigkeitsrisiko ausgesetzt sind. Atypische Beschäftigungsverhältnisse sind vergleichsweise leicht lösbar, da sie gerade dadurch charakterisiert sind, dass auf sie die Bestandsschutzbestimmungen nicht angewandt werden.

3 Maastricht-Vertrag und Stabilitäts- und Wachstumspakt – der europäische fiskalpolitische Rahmen

Solide öffentliche Finanzen gelten als eine permanente Stabilitätsvoraussetzung für die WWU. Die Mitgliedsländer der Europäischen Union haben sich daher zur Vermeidung von nichttragfähigen öffentlichen Haushaltspositionen sowie zur Sicherstellung eines spannungsfreien makroökonomischen Policy-mix für eine nachhaltige Wachstums- und Beschäftigungsentwicklung und die Absicherung monetärer Stabilität in der WWU verpflichtet. Gemäß Art.104 (1) EG-V sind sie dazu angehalten, übermäßige öffentliche Defizite zu vermeiden.

Kriterien für die zulässige Defizit- und Schuldenentwicklung der Mitgliedstaaten sollen verhindern, dass negative "Spillovers" nationalstaatlicher Schuldenaufnahmen[3] die Glaubwürdigkeit der gemeinsamen europäischen Geldpolitik gefährden. Da in der Währungsunion bzw. in einem integrierten Kapitalmarkt eine Zunahme der Verschuldungsanreize aus Sicht der einzelnen teilnehmenden Staaten zu erwarten ist,[4] soll über die „Disziplinierung" der öffentlichen Schuldner die Geldwertstabilität in der Europäischen Währungsunion gestützt werden. Die Einhaltung der Budgetdisziplin wird als eine wesentliche Nebenbedingung einer effizienten gemeinsamen Geldpolitik gesehen.

Die Fiskalkriterien zielen auf die Verhinderung eines Staatsbankrotts, d.h. darauf, dass es infolge einer „unsustainable" Defizitentwicklung zu einer Situation kommt, die nach einer Monetisierung der Staatsschuld verlangen könnte. An sich sollten Kapitalmärkte – sofern sie effizient sind – das Default Risiko eines Landes in einer Währungsunion bei sehr hoher öffentlicher Verschuldung identifizieren können und diese mit entsprechenden Risikoprämien bzw. mit Kreditrationierungen sanktionieren. In der Frage von untragbaren öffentlichen Schuldenständen eines Staates sollte daher grundsätzlich eine Disziplinierung durch die Kapitalmärkte zu adäquaten Ergebnissen – das heißt zu einer Endogenisierung der externen Effekte führen.

Die europäischen Staaten haben sich im Maastrichter Vertrag allerdings für eine Doppelstrategie entschieden: Während einerseits durch die Artikel 101 bis 103 (Verbot der Notenbankfinanzierung des Staates, no bail-out-Regel) die Marktdisziplin gestärkt werden sollte, wurden parallel - gleichsam zur Absicherung und zur Erhöhung der Glaubwürdigkeit dieser Bestimmungen - fixe Regeln in Form von Zielwerten und Verfahrensvorschriften eingeführt, die eine gegenseitige Gruppenkontrolle (peer pressure) der nationalen Fiskalpolitik sicherstellen. Die „no-bail-out-Klausel" sowie das Verbot monetärer Finanzierung durch die EZB und der Stabilitäts- und Wachstumspakt flankieren also in gewissem Maß die Kapitalmärkte. Die „no-bail-out-Klausel" (Art. 103 aber auch Art. 21 der Satzung des Systems der Europäischen Zentralbanken) soll verhindern, dass sich andere Mitgliedstaaten verpflichtet fühlen könnten, die Schulden eines bankrotten Staates zu übernehmen, um eine Finanzkrise zu verhindern. Wären nämlich die mit einem Staatsbankrott ausgelösten Kosten einer Schuldenübernahme relativ zu jenen Kosten, die infolge einer dadurch ausgelösten europäischen Finanzkrise auftreten, gering, würde dies aus Sicht der anderen Staaten durchaus einen Anreiz zu Hilfestellung bieten. Genau das würde aber die Voraussetzungen für zeitinkonsistente Wirtschaftspolitik schaffen. Eichengreen und Hagen (1996) verweisen speziell auf dieses Zeitinkonsistenzproblem als Argument zugunsten der zentralen Überwachung nationaler Defizite.

Die nunmehr institutionalisierte gemeinsame europäische Währungspolitik geht von der Notwendigkeit der stärkeren und vor allem verbindlichen Koordination der grundsätzlich in nationaler Verantwortung verbliebenen Fiskalpolitik aus. Mit dem Pakt für Stabilität und Wachstum haben sich die Mitgliedstaaten der WWU verpflichtet, ihre öffentlichen Haushalte mittelfristig nahezu ausgeglichen oder mit einem Überschuss abzuschließen. Mittelfristig heißt hierbei, über den Konjunkturzyklus betrachtet. Die Bewertung, ob ein Land diese Zielsetzung erfüllt oder nicht, erfolgt anhand des so genannten zyklisch bereinigten Budgetsaldos, d.h. vom aktuellen Budgetsaldo wird der von der Konjunktur ausgehende Effekt abgezogen.

Die europäischen Staaten haben sich also dazu verpflichtet, grundsätzlich ihre Defizite unter 3 % des BIP zu halten (außer unter außergewöhnlichen Umständen) und ihre Schuldenquoten auf 60 % des BIP zu reduzieren. Im Rahmen des Stabilitäts- und Wachstumspakt (SWP) haben sie sich zum anderen dazu verpflichtet, eine Budgetpolitik zu implementieren, die über dem Konjunkturzyklus betrachtet, ausgeglichene Budgetsalden impliziert. Zudem haben sie sich verpflichtet, ihren Pflichten gemäß dem Monitoring und Surveillance-Mechanismus nachzukommen. Ziel ist die Korrektur langfristig nicht tragfähiger nationaler Verschuldungspfade sowie die Absicherung der stabilitätsorientierten einheitlichen europäischen Geldpolitik. In hinreichend langer Betrachtung bedeutet die strikte Einhaltung von „close-to-balance" allerdings eine Annäherung der Staatsschuldenquote an Null.

Die Sorge um die langfristige Tragfähigkeit der Staatsschuldenentwicklung ist ökonomisch durchaus berechtigt. Steigende Schuldenquoten ziehen einen steigenden Bedarf an Steuermitteln zur Bedienung der Staatschulden nach sich, sie engen damit den Handlungsspielraum der einzelnen Staaten merklich ein. Zudem bekommt die Staatsschuldenentwicklung über den so genannten Snowball-Effekt eine Eigendynamik, die nur mittels hinreichend hoher Primärüberschüsse eine Stabilisierung der Schuldenquote (auch unter der Annahme ausgeglichener Budgetsalden) zulässt. Diese Eigendynamik der Staatsschuldenentwicklung – gemeinsam mit wiederkehrenden strukturellen Defiziten - hat in einigen europäischen Staaten dazu beigetragen, die Schuldenquoten einiger europäischer Länder innerhalb weniger Jahre explodieren zu lassen (Belgien, Italien, Griechenland u. a.).

Der Stabilitäts- und Wachstumspakt zielt auf dauerhaft solide Staatsfinanzen, um zu verhindern, dass die Mitgliedsländer die Zügel in Richtung steigender struktureller Defizite lockern, sei es aus politökonomischen oder strategischen Erwägungen oder sei es auf Grund geänderter nationaler wirtschaftspolitischer Präferenzen. Die nationalen Haushaltspolitiken der EU-Länder werden damit in Bezug auf die Entwicklung des gesamten Budgetsaldos in ein enges Korsett gezwängt, da der Freiraum,

Defizite zu planen bzw. zu machen, nun entsprechend gering ist.[5] Nun, ob die europäische Fiskalpolitik dieses enge Korsett tatsächlich braucht („auch um sich selbst vor übermäßiger Großzügigkeit in guten Zeiten zu schützen"), ist aber Gegenstand einer Vielzahl von akademischen Abhandlungen.

In einer Währungsunion obliegt der Fiskalpolitik aber vor allem die Aufgabe, als Schockabsorber im Fall asymmetrischer Schocks zu wirken. Mit dem Maastricht-Vertrag und dem SWP stellt sich jedoch die Frage nach der tatsächlich verbliebenen Stabilisierungsfunktion der Fiskalpolitik.

„There is evidence that strict numerical rules reduce the responsiveness of government budgets to the cycle and therefore limit the extent to which budgetary policies may contribute to the stabilisation of cyclical fluctuations in economic activity. Under stringent balanced budget restrictions, budgetary policies may even become procyclical and thus increase the cyclical volatility of the economy. In addition, governments may reduce the cyclical sensitivity of the budget." (Bayoumi, Eichengreen 1995).

Diese empirische Erkenntnis steht damit in Kontrast zu der der Fiskalpolitik in einer Währungsunion zugeordneten Funktion der Abfederung asymmetrischer Schocks. Allerdings wird davon ausgegangen, dass dieser prozyklische Effekt quantitativer Fiskalregeln nur in Budgetkonsolidierungsphasen gilt. Sobald das Ziel eines strukturell ausgeglichenen oder einen Überschuss aufweisenden Staatshaushaltes erreicht ist, ergibt sich für die Fiskalpolitik wieder Spielraum zur Abfederung von Rezessionen durch das Wirken der automatischen Stabilisatoren.

Der Maastricht Vertrag und der SWP haben allerdings auch signifikante Implikationen in verteilungspolitischer Sicht – sowohl in Bezug auf die intra- als auch und vor allem auf die intergenerationale Verteilung, d.h. die Verteilung von budgetären Lasten zwischen jetzigen und künftigen Generationen. Die Effekte mit Bezug auf die intragenerationale Verteilung stimmen vor allem aus Sicht der Frauen – aufgrund deren relativ stärkeren Betroffenheit in Folge ihrer vergleichsweise stärkeren Abhängigkeit von Transfers – nachdenklich. Die neuen budgetären Rahmenbedingungen veranlassten die europäischen Staaten im Laufe der letzten Dekade signifikante Konsolidierungsmaßnahmen durchzuführen. Einerseits wurden Einschnitte auf der Ausgabenseite vorgenommen – neben dem Bereich der öffentlichen Investitionen/Infrastruktur wurden vor allem Transfer- und Förderungsausgaben (insbesondere Ermessensausgaben) reformiert/gekürzt (siehe Strukturverbesserungsgesetz 1995/96 in Österreich, wo eine Reihe von Kürzungen im Bereich der Arbeitslosenversicherung und Arbeitsmarktförderung implementiert wurden). In den Jahren 2000/01 kam es zu einer spürbaren Erhöhung der Steuerbelastung (im Bereich der indirekten Steuern) im Zuge der vorwiegend einnahmenseitigen Konsolidierungsmaßnahmen. Zudem kam es im Zuge der Konsolidierungsbemühungen der letzten Dekade generell zu einer Restrukturierung der Besteuerung in Richtung auf eine verstärkte Belastung von Konsum bzw. in Richtung stärkerer Gebührenfinanzierungen, sowie im Bereich der Sozialversicherung zu stärkeren Co-Finanzierungen (Einführung der Ambulanzgebühr, signifikante Anhebungen der Rezeptgebühr, Diskussion um Selbstbehalte usw.), die Niedrigeinkommensbezieher überproportional stark belasten. Die zuletzt erwähnten Maßnahmen der Co-Finanzierung sind janusköpfig, da einerseits ein gewisses Kostenbewusstsein ökonomisch durchaus wünschenswert ist, andererseits laufen derartige Kostenbeteiligungen Gefahr, langfristig höhere Kosten zu verursachen, wenn hierdurch Patienten abgeschreckt werden, frühzeitig – vorsorgend – zum Arzt zu gehen.

Nicht sonderlich überraschend, wird grundsätzlich einer ausgabenseitig orientierten Budgetkonsolidierung der Vorzug gegeben bzw. festgestellt, dass diese – gemessen anhand einfacher quantitativer Kriterien[6] – erfolgreicher sei. Es dominieren eindeutig ausgabenseitige Konsolidierungsempfehlungen (z.B. in den Broad Economic Policy Guidelines). Gegen einnahmenseitige Maßnahmen (vor allem Steuererhöhungen) werden die überdurchschnittlich hohen Steuerquoten in europäischen Länder angeführt, vor allem der starke Anstieg der steuerlichen Belastung des Faktors Arbeit während der letzten Jahrzehnte und die möglichen negativen Effekte auf das langfristige Wachstumspotential.

Die Argumente, anhand derer die Erfolglosigkeit bzw. der Erfolg von Konsolidierungsbestrebungen bewertet wird, sind jedoch diskussionsbedürftig. Ist es berechtigt, den Erfolg der Konsolidierungen an eng definierten quantitativen Größen bzw. deren relativ kurzfristigen Entwicklung zu messen oder sollte – so wie die Fiskalpolitik multidimensional in ihren Wirkungen ist – eine umfassendere Betrachtung die Beurteilung des Erfolgs bestimmen? Die Feststellung einer hohen Erfolgswahrscheinlichkeit im Falle der Kürzung politisch heikler Transfer- und Subventionsleistungen birgt nicht nur einen Anreiz einer zu starken Beschneidung des Wohlfahrtsstaates, sondern auch jene der Vernachlässigung von strukturellen Reformen, die von nur mittel- bis langfristigen Einsparungen gekennzeichnet sind, wie etwa Reformen im Bereich der staatlichen Organisation, Verwaltung bzw. Administration. Die Bewertung des Erfolgs der Konsolidierungsstrategien anhand einiger weniger quantitativer fiskalischer Kriterien erhöht allerdings die Gefahr, dass Konsolidierung dauerhaft zu einem *„wirtschaftspolitischen Ziel per se"* erhoben wird – ein Ziel, das es unabhängig von Output- und Beschäftigungsentwicklungen zu erreichen gilt.

Endnoten

[1] Die nachfolgenden Ausführungen geben die persönliche Meinung der Autorin wider, die nicht notwendigerweise ident ist mit jener der OeNB.

[2] Bereits 1988 wurde von der Europäischen Kommission eine Mindestquellensteuererhebung vorgeschlagen, die allerdings von den Gegnern mit dem Hinweis auf die Gefahr kompensierender Zinserhöhungen – hervorgerufen durch Kapitalflucht in Drittländer oder off-shore-Märkte oder durch Kapitalisierung in Investment Unit Trusts – abgewehrt wurde. Gegen einen routinemäßigen Informationsaustausch wiederum sprachen einerseits die hohen Kosten und andererseits rechtliche Regelungen, wie das Bankgeheimnis. 1998 wurde das so genannte Koexistenzmodell zur Durchsetzung eines Minimums an effektiver Besteuerung von Zinserträgen innerhalb der Gemeinschaft vorgelegt. Es sah vor, dass jedes EU-Mitglied sich im Verhältnis

zu anderen für die alternative Einführung einer Mindest-Quellensteuer von 20% für Nichtansässige oder die Weitergabe von Informationen an den Wohnsitzstaat zu entscheiden hatte. Die beiden vorgeschlagenen Alternativen unterschieden sich auf Grund der Unterschiede in der zwischenstaatlichen Aufteilung der Steuereinnahmen grundlegend. Während die Mindestquellensteuer dem Kapitalimportstaat Steuereinnahmen beschert, stehen unter dem Kontrollmitteilungssystem die Steuereinnahmen dem kapitalexportierenden Staat zu. Für den Fall der Mindestquellensteuer war die Anrechnung der im Quellenstaat bezahlten Steuer im Wohnsitzland vorgesehen. Für den Fall, dass die Quellensteuer jedoch niedriger als der persönliche Steuersatz im Wohnsitzland gewesen wäre, hätte es aber ohne Informationsaustausch weiterhin keinen Anreiz gegeben, ausländische Zinseinkommen im Wohnsitzland zu deklarieren. Das wiederum weckte Befürchtungen, dass es bei einem Nebeneinander beider Konzepte zu einer Benachteiligung jener Länder gekommen wäre, die auf ein System von Kontrollmitteilungen setzten bzw. diese sich – auf Grund der daraus resultierenden Unattraktivität ihres Kapitalmarktes - daher gezwungen gesehen hätten, auf die Quellenbesteuerung zu wechseln. Insbesondere jene Länder, die die Zinseinkünfte ihrer Bürger im Rahmen der synthetischen Einkommensteuer (mit den Grenzsteuersätzen der Einkommensteuer) besteuern, befürchteten die Notwendigkeit, zur Begrenzung der weiteren Steuerflucht mit einer Angleichung der Steuersätze auch auf die inländischen Zinseinkünfte an den Mindestsatz reagieren zu müssen. Die Mindestquellensteuer auf Zinseinkommen hätte EU-weit mit großer Wahrscheinlichkeit zu einem dualen Einkommensteuersystem geführt – mit dem Quellensteuersatz als generellen proportionalen Steuersatz auf Zinseinkünfte. Im Jahr 2000 einigte sich der Europäische Rat grundsätzlich auf ein System von Kontrollmitteilungen, d.h. auf einen Informationsaustausch auf möglichst breiter Grundlage – beginnend ab 2010. Zuvor wird in einer Übergangsphase das Koexistenzmodell angewendet. Luxemburg stimmte aber nur unter dem Vorbehalt zu, dass mit den USA, der Schweiz, Liechtenstein, San Marino, den Kanal- und Karibikinseln, Monaco und Andorra als den wichtigsten Ausweichländern ebenfalls der Austausch von Kontrollmitteilungen vereinbart wird, um die Steuerflucht von EU-Anlegern zu verhindern. Es ist mehr als fraglich, ob die Länder – ohne Gegenleistung – zustimmen werden. D.h. dieser Kompromiss könnte sich daher als *Durchbruch in eine Sackgasse* erweisen, sei es, weil der vereinbarte Zeitraum zu lang ist und zudem die Mitgliedsländer nicht hinreichend unter Druck gesetzt sind, eine effektive Zinsbesteuerung durchzusetzen. Außerdem beinhaltet der Kompromiss eine klassische Gefangenendilemma-Situation, die letztlich in die Beibehaltung des Status-quo münden könnte, wenn die Drittländer die Einführung von Harmonisierungsmaßnahmen davon abhängig machen, dass die andere Seite glaubwürdig erste Schritte macht (vgl. hierzu Schratzenstaller, Wehner 2000, S. 675).

[3] Würde die Glaubwürdigkeit der einheitlichen Währung durch eine verstärkte aggregierte Schuldenfinanzierung in der WWU beeinträchtigt, könnte dies eine WWU-weite Risikoprämie auf alle Schuldenemissionen verursachen und damit höhere Kosten auch für Länder ohne expansiven Fiskalkurs. Da die höheren Zinskosten über eine Erhöhung der Steuern finanziert werden müssten, gingen damit zusätzliche Effizienzverluste einher, die ebenfalls nicht vom Verursacherland getragen werden müssten. Führte eine Zunahme der staatlichen Kreditaufnahme zu unionsweit höheren Zinsen und gingen von diesem erhöhten Zinsniveau starke negative realwirtschaftliche Effekte (vor allem Arbeitslosigkeit) auf die Gesamtheit der Währungsunionsländer aus, könnte dies Druck in Richtung einer akkomodierenden Geldpolitik verursachen, um die reale Anpassung zu mildern.

[4] Sei es infolge eines Rückgangs der Verschuldungskosten durch sinkende Zinskosten aufgrund abnehmender Risikoprämien für hochverschuldete Staaten bzw. auf Grund des erweiterten Kapitalmarktes oder infolge der Erwartung höherer Wachstumsraten in wirtschaftlich rückständigeren Staaten oder Regionen, was ebenfalls zu einer Erhöhung der Verschuldungsneigung führt (vgl. Bovenberg, de Jong 1997).

[5] „Thus, it is often claimed that EU governments opted to „tie their own hands“ within a European Union framework to overcome their deeply-rooted bias towards running excessive deficits and so to justify to their public opion the need to implement unpopular measures“ (Europäische Kommission 1998, S. 52). Nach McKinnon (1997) waren die Fiskalkriterien von den einzelnen Mitgliedsstaaten als eine „external device“ konzipiert worden, um notwendige – und von der Errichtung einer Währungsunion unabhängige – Fiskalkorrekturen politisch durchzubringen. Aus Sicht Deutschlands und Frankreichs, die Anfang der Neunzigerjahre durchaus solide öffentliche Finanzen aufwiesen, waren die Fiskalkriterien eine „screening device“, um sicherzustellen, dass nur Länder mit einer hinreichenden fiskalischen Disziplin Mitglied der künftigen Währungsunion werden könnten.

[6] vgl. Alesina, Perotti (1995, 1997). Ihren Arbeiten zufolge liegt eine erfolgreiche Konsolidierung dann vor, wenn in einem Jahr das Verhältnis des Primärdefizits zum BIP um mindestens 1,5 Prozentpunkte sinkt und diese Reduktion persistent in dem Sinn ist, dass die strukturelle Primärsaldenquote in den drei Jahren nach der Konsolidierung um mindestens zwei Prozentpunkte unter dem Niveau des Ausgangsjahres,

oder das Verhältnis von Schulden zu BIP nach drei Jahren um mindestens 5 Prozentpunkte unter dem Niveau des ersten Konsolidierungsjahres liegt.

Literatur

(*) weiterführende Literatur

Alesina, Alberto; Perotti Roberto (1995): Fiscal Adjustment: Fiscal Expansions and Fiscal Adjustments in OECD Countries. In: Economic Policy (21).

Alesina Alberto; Perotti, Roberto (1997): Fiscal Adjustment in OECD: Compositions and Macroeconomic Effects. In: IMF Staff Papers 44.

Bayoumi, Tamim; Eichengreen, Barry (1995): Restraining Yourself: The Implementation of Fiscal Rules for Economic Stabilization. In: IMF Staff Papers, No. 42.

Bovenberg, Ari Lans; de Jong, A.H.M. (1997): The Road to EMU. In: Kyklos, Vol. 50, No. 1.

(*) Diebalek, Leopold; Köhler-Töglhofer, Walpurga; Prammer, Doris (2001): Measures and Strategies for Budget Consolidation in EU Member States. In: OeNB, Focus on Transition.

(*) Eichengreen, Barry; von Hagen, Jürgen (1996): Federalism, Fiscal Restraints, and European Monetary Union. In: American Economic Review, Paper and Proceedings, 86.

Europäische Kommission (1998): "Economic Policy in EMU – A Study by the European Commission Services", edited by Buti, M. and Sapir A.

(*) Köhler-Töglhofer, Walpurga (2002): Fiscal Policy and Growth. In: Banca d'Italia, The Impact of Fiscal Policy.

(*) Köhler-Töglhofer, Walpurga (2001): Problems Relating to the Taxation of Cross-Border Capital Income. In: OeNB, Focus on Transition 2/2001.

Köhler-Töglhofer, Walpurga (1998): Kapitalbesteuerung in offenen Volkswirtschaften, Dissertation, WU-Wien.

McKinnon, Ronald I. (1997): EMU as a Devise for Collective Fiscal Retrenchment. In: American Economic Association Papers & Proceedings, Vol. 87, No. 2.

(*) OeNB (2001): Focus on Transition 2/2001, Special Focus: The New Framework for Fiscal Policy.

Schratzenstaller, Margit; Wehner, H. (2000): Zinsbesteuerung in der Europäischen Union. In: Wirtschaftsdienst 2000/XI.

Das Korsett der Europäischen Zentralbank und eine geschlechtergerechte Budgetpolitik

Brigitte Young

1 Der Sozialstaat in der Klemme!

Dass sich der deutsche Sozialstaat, wie auch viele andere europäische Sozialstaaten, derzeit in einer ziemlich desolaten Finanzlage befindet, bestreiten nicht einmal die politischen ParteikontrahentInnen. Vielmehr wird darüber gestritten, wie und zu wessen Lasten der Sozialstaat reformiert werden soll. Wie die aktuellen Tarifverhandlungen des öffentlichen Dienstes in Deutschland zeigen, wird laut und ohne jegliche Zurückhaltung seitens des Staates proklamiert **„Der Staat hat kein Geld“**. Dies betrifft nicht nur die Haushalte des Bundes und der Länder, besonders betroffen sind die Kassen der Gemeinden und der Kommunen.

Vier (weibliche) grüne Bundestagsabgeordnete haben auf der Dokumentationsseite der *Frankfurter Rundschau* am 28. Dezember 2002 nun ihren „großen Wurf“ zur Zukunft des deutschen Sozialstaats vorgestellt. Anna Lührmann, Christine Scheel, Thea Dückert und Grietje Bettin plädieren für die Konsolidierung der öffentlichen Haushalte, die ökologische Modernisierung, die Reform der sozialen Sicherungssysteme, die Neuausrichtung der Kinder-, Familien- und Bildungspolitik, eine Gemeindefinanzreform und mehr Effizienz und Transparenz in der EU-Finanzpolitik. Dass zunehmend Politikerinnen sich medienwirksam zu Themen über den Sozialstaat und Arbeitsmarkt öffentlich äußern, ist keine Seltenheit mehr. Engagiert haben sich in den Monaten zuvor verschiedene Frauen und Frauenorganisationen in die Diskussion zur Umsetzung des Hartz-Konzeptes eingebracht. Dieses von der rot-grünen Bundesregierung verabschiedete Gesetz sieht eine umfassende „Neue Ordnung auf dem Arbeitsmarkt“ vor. Vom Deutschen Frauenrat, Deutschen Juristinnenbund, der Bundesarbeitsgemeinschaft beruflicher Perspektiven für Frauen, bis zur Bundesarbeitsgemeinschaft kommunaler Frauenbüros wurde öffentlich moniert, dass die Pläne der Hartz-Kommission und deren Umsetzung nach wie vor die weibliche Erwerbsbiographie und das große Beschäftigungspotential qualifizierter Frauen ignoriere (vgl. Frankfurter Rundschau 22.11.2002).

Trotz alledem ist der jüngste Beitrag von Anna Lührmann, Christine Scheel, Thea Dückert und Grietje Bettin zur Reformdebatte über die Zukunft des Sozialstaates ein Novum. Die vier Abgeordneten skizzieren eine grundlegende Reform für das 21. Jahrhundert, wie die Eckpunkte von Gerechtigkeit, Zugang zu Arbeit und Bildung, Sozialpolitik, Wirtschaftspolitik, Steuerpolitik und eine europäische Finanzpolitik gestaltet werden könnten. Ihre Forderungen richten sich nicht nur auf Reformen des Arbeitsmarktes, um Erwerbsarbeit und Kindererziehung besser vereinbaren zu können. Die Autorinnen argumentieren, dass die sozialen Sicherungssysteme in Deutschland nicht mehr in der Lage sind, den Menschen ausreichend Sicherheit zu bieten. Ohne gravierende wirtschaftspolitische Veränderungen wird sich, so die vier Autorinnen, auch an der hohen Arbeitslosigkeit nichts ändern.

Interessant an diesem Vorschlag der Grünen-Politikerinnen ist, dass die strikte Einhaltung des Stabilitäts- und Wachstumspakts der Europäischen Wirtschafts- und Währungsunion und die damit verbundene restriktive Fiskalpolitik und Stagnation auf dem Arbeitsmarkt nicht einmal erwähnt wird. Sogar der EU-Kommissionspräsident Romano Prodi hat im Oktober 2002 einen Eklat heraufbeschworen, in dem er das Regelwerk des Stabilitätspaktes als „dumm“ und „zu starr“ charakterisierte (vgl. Frankfurter Rundschau 23.10.2002). Im November hat sich dann auch der ehemalige Bundesbank-Präsident Karl Otto Pöhl in einem Streitgespräch zum Thema Globalisierung mit dem derzeitigen Bundesbank-Präsident Ernst Welteke den Stabilitätspakt als eine „Fehlkonstruktion“ bezeichnet, der in schwierigen Zeiten falsche Prioritäten setze (vgl. Frankfurter Rundschau 18.11. 2002).

Des weiteren werden die Empfehlungen ihrer eigenen grünen Fraktion im Schlussbericht der Enquete-Kommission des Deutschen Bundestages „Globalisierung der Weltwirtschaft – Herausforderungen und Antworten“ auf staatlicher Ebene Gender-Budgets-Analysen einzuführen, von den Autorinnen des sozialstaatlichen Reformmodells nicht einmal erwähnt (vgl. Deutscher Bundestag 2002). Gerade die von den Politikerinnen geforderte gerechte und transparente Verwendung von staatlichen Mitteln ließe sich mit dem Instrument von Gender-Budgets hervorragend kombinieren.

Das Ziel des vorliegenden Aufsatzes ist es zu zeigen, dass jegliche Reformvorschläge für die Zukunft der Sozialstaaten ohne die makroökonomischen Rahmenbedingungen des Maastrichter Vertrages und des Stabilitätspaktes der Europäischen Währungsunion einzubeziehen, eine falsche und auch gender-ungerechte Wirtschaftspolitik zur Folge haben würde. Des weiteren wird aber auch argumentiert, dass die derzeitige feministische Forderung für nationale Gender-Budgets ohne die Ursachen der makroökonomischen restriktiven Fiskalpolitik zu analysieren, nur zu einer Verteilungspolitik innerhalb eines immer geringer werdenden Staatsbudgets führt (vgl. Young 2002).

Diese Thesen werden in vier Schritten dargestellt. Zunächst wird kurz der Reformvorschlag der grünen Politikerinnen vorgestellt. Der zweite Teil greift dann die Gender-Budgets Debatte auf und argumentiert, dass die Forderung einer geschlechtsgerechten Budgetanalyse nur dann Sinn macht, wenn diese politische Forderung auf der nationalstaatlichen Ebene verbunden wird mit einer alternativen makroökonomischen Wirtschafts- und Geldpolitik in der Europäischen Union. Die makroökonomischen Rahmenbedingungen der europäischen Zentralbank und deren weitreichende beschäftigungs- und wachstumshemmende Praxis des Stabilitätspaktes auf die nationale Haushaltspolitik stehen im Zentrum des dritten Abschnitts, um dann im Schlusskapitel für eine Strategie von Gender-Budgets kombiniert mit einer Analyse der europäischen Finanzpolitik zu plädieren.

2 Der Grüne Reformvorschlag zur Zukunft des Sozialmodells

Die vier grünen Politikerinnen sehen einen Wählerauftrag mit dem Wahlerfolg der rot-grünen Regierung am 22. September 2002, plädieren jedoch bereits in ihrem Eingangsstatement, dass Mut erforderlich sei, um ihre Reformvorschläge mit Verantwortung auch durchzuführen. Ausgehend von einem demografischen Wandel, einem Wandel der Arbeitsgesellschaft, Individualisierung und Globalisierung wird „Gerechtigkeit" gefordert. Diese umfasse eine gerechte Teilhabe an Arbeit und Bildung, Generationsgerechtigkeit und Nachhaltigkeit, Freiheit und Selbstbestimmung sowie auch eine internationale Gerechtigkeit mit einem demokratischen und sozialen Europa.

Wie soll dieses nachhaltige Fundament eines Reformkonzeptes aussehen? Da die Versicherungssysteme an die Grenzen ihrer Belastbarkeit stoßen, fordern die Autorinnen eine allgemeine Bürgerversicherung, um Eigenvorsorge und Solidarität in ein neues Verhältnis zu setzen und auch die Frühverrentung zu beenden. Die mittelständischen Betriebe, die weiterhin die meisten Arbeitsplätze schaffen, sollen durch die Entbürokratisierung der Beschäftigungsverhältnisse von ihrer Entmündigung befreit werden, sollen aber Mitarbeiterbeteiligung in den Unternehmen garantieren.

Für den gerechten Zugang zu Arbeit und um den Bereich des Arbeitsmarktes attraktiv zu gestalten, werden die Vorschläge der Hartz-Kommission aus Minijobs, Ich-AGs, Dienstleistungsagenturen, öffentliche Kinderbetreuungseinrichtungen sowie auch Tagesmütternetzwerke mit Mindeststandards, Förderung von Teilzeit und befristetes Einstiegsgeld propagiert. Auffallend in der vorliegenden Diskussion über den gerechten Zugang zu Arbeit sind vor allem zwei Aspekte. Frauen und deren geschlechtsspezifischer Zugang zu Arbeit werden nicht thematisiert. Nur in Bezug auf „Tagesmütter" wird ein geschlechtsspezifischer Zusammenhang mit Frauen und Erziehungsarbeit hergestellt, ansonsten wird nur die Forderung formuliert, eine „geschlechtsneutrale" Erwerbsarbeit mit

Erziehung besser vereinbaren zu können. Die zahlreichen kritischen Studien von Arbeitsmarktexpertinnen und auch die Anregungen des Ministeriums für Familie, Senioren, Frauen und Jugend finden hier keine Erwähnung.

Zweitens wird die Kritik vieler Frauenorganisationen in Bezug auf die Vorschläge der Hartz-Kommission, die Arbeitssuchende und arbeitslose Frauen betreffen, ignoriert. Wenn die grünen Autorinnen die Zusammenlegung von Arbeitslosengeld- und Sozialhilfe für richtig empfinden, dann wird darüber hinweggesehen, dass nach den Berechnungen zum Gesetzesentwurf zirka 27 Prozent der 1,7 Millionen Arbeitslosenhilfeempfängerinnen (Juli 2002) ihren Leistungsanspruch verlieren. Auf Grund der verschärften Bedürftigkeitsbestimmungen wird dies deutlich mehr Frauen als Männer treffen. Auch die unkritische Akzeptanz der Familien-AG ist problematisch. Ungeachtet der geschlechtsneutralen Formulierung werden es Frauen sein, die die untergeordnete Familienmithilfe zu leisten haben (vgl. Frankfurter Rundschau 22.11.2002).

Die Palette der weiteren Reformvorschläge ist größtenteils konform mit den derzeitigen neoliberalen Forderungen der FDP und CDU. So wird im Bildungsbereich gefordert, die Zeiten der Erstausbildung zu straffen, Bildungswege flexibler zu gestalten, gegenseitige Anerkennung von Abschlüssen und die Einführung von Modularisierung zügig zu implementieren. Dass Bildung nicht nur auf eine Effizienzdebatte reduziert werden kann und Wissen stets mehr als nur das funktionale, ökonomische „Fitmachen“ junger Menschen bedeutet, wird von Lührmann, Scheel, Dückert und Bettin nicht weiter beachtet (vgl. Josczok 2001).

Die Erwägungen einer neuen Steuerpolitik sind für unsere Diskussion zu den restriktiven Auswirkungen der EU-Geldpolitik auf die Fiskalpolitik von besonderer Bedeutung. Mit Transparenz und Entlastung sollen neue Rahmenbedingungen für den Sozialstaat geschaffen werden. Das zentrale Ziel soll dabei die Senkung der Lohnnebenkosten sein, finanziert durch die Ökosteuer. Um die Kommunen wieder finanziell handlungsfähig zu machen, wird die Modernisierung der Gewerbesteuer propagiert.

Die Autorinnen sehen besonders Einsparungen durch die Zusammenführung der Sozial- und Arbeitslosenhilfe zu einer Grundsicherung. Diese Einsparungen sollen wiederum für den Ausbau der Betreuung von Kindern bis drei Jahren den Kommunen zu Gute kommen.

Viel zu kurz in der Reformdebatte kommen die Vorschläge für eine Neuausrichtung der finanzpolitischen Grundlage der EU. Stattdessen werden transparente finanzpolitische Spielregeln innerhalb der EU gefordert, die das EU-Parlament zu verantworten hat. Weiterhin soll die Harmonisierung der Steuervorschriften in Europa und die Bekämpfung der europäischen Steuerparadiese eingeführt werden. Einzig und allein werden die Bereiche der Agrarpolitik und Verteidigungspolitik erwähnt. Die Agrarpolitik soll ab 2007 nicht weiter 50 % des EU-Budgets verschlingen, und es wird eine europäische Arbeitsteilung bei Rüstung und Verteidigung gefordert, um dadurch die finanzpolitische Zukunftsfähigkeit der EU zu garantieren.

Nicht einmal die in den Medien seit Herbst 2001 intensiv geführte Debatte pro oder contra Stabilitäts- und Wachstumspakt (Dublin 1996) und dessen Auswirkungen auf die aktive Steuerung der Fiskalpolitik in den einzelnen Ländern wird thematisiert. Die makroökonomischen Rahmenbedingungen sollten jedoch ein zentraler Bestandteil der Reformdebatte über die Zukunft des Sozialstaates sein. Eine offene Frage dabei ist, ob Gender-Budget-Analysen ein Instrument sein können, um die Neuausrichtung und Verteilungskonflikte um die Zukunft des Sozialstaates genderneutral oder wenigstens nicht zu Lasten von Frauen gesellschaftspolitisch auszuhandeln.

3 Nationale Gender-Budgets

Der Schlussbericht der Enquete-Kommission des Deutschen Bundestages, „Globalisierung der Weltwirtschaft – Herausforderungen und Antworten“ fordert von der Bundesregierung, Budgetanalysen nach Geschlecht aufzuschlüsseln, um sicherzustellen, dass Frauen den gleichen

Zugang zu öffentlichen Mitteln haben wie Männer. Die Empfehlung für Budgetinitiativen wird als ein wichtiges Instrument gesehen, um mehr Transparenz über die Verwendung staatlicher Mittel im Sinne der Gleichstellung zu schaffen (vgl. Deutscher Bundestag 2002, S. 116, Empfehlung 2-13).[1] Deshalb ist es umso erstaunlicher, dass Gender-Budgets als ein Instrument für die gerechte Verteilung der Kosten der sozialen Strukturreform von Lührmann, Scheel, Dückert und Bettin im Artikel nicht berücksichtigt werden.

Wie funktionieren Gender-Budgets, warum sind sie weltweit so populär geworden und wie könnten die Reformvorschläge der grünen Politikerinnen von einer Budgetanalyse profitieren, so dass Gendergerechtigkeit in einem zukünftigen Sozialmodell für das 21. Jahrhundert auch verwirklicht werden kann?

Heute wird eine Unmenge von Geld für die Eindämmung von „public bads“ (Finanzkrisen, Umweltprobleme, Kriminalität, Gewalt, Armut) ausgegeben. Geschlechtsspezifische und auf ethnische Diskriminierung beruhende Armut gehört ebenfalls zur Kategorie „public bads“. In „public goods“ (öffentliche Güter) hingegen, welche die notwendigen Rahmenbedingungen für soziale, gendergerechte und ökologische Nachhaltigkeit wirtschaftlicher Entwicklung darstellen, fließt immer weniger Geld. Wohlhabende Menschen können sich grundlegende öffentliche Güter wie Bildung und ärztliche Versorgung leicht privat kaufen, womit sie das Interesse an der öffentlichen Finanzierung dieser Güter verlieren. Von ökologischen und sozialen Katastrophen, von Krisen und sozialer Zerrüttung können sie sich aber nicht loskaufen. Für deren Eindämmung sind sie auf öffentliche Finanzen angewiesen. Auf internationaler sowie auch auf nationaler Ebene sind Finanzen für die Bekämpfung von Krisen noch immer einfacher zu akquirieren als für die Bereitstellung von öffentlichen Gütern wie z.B. Primarschulen, Gesundheitsvorsorge oder Energiesparprojekte, auch wenn ihnen dies letztlich sehr teuer zu stehen kommt (vgl. Kaul, Grunberg, Stern 1999).

Dass Geschlechterungleichheit ökonomisch ineffizient ist, zeigen viele internationale Studien (vgl. Budlender et al. 2002). Große Status- und Einkommensunterschiede zwischen Frauen und Männern sind nicht nur unter dem Gesichtspunkt der Diskriminierung zu beanstanden, es entstehen dadurch gesamtgesellschaftliche Kosten. Feministische Ökonominnen haben in ihren jüngsten Arbeiten sehr deutlich gezeigt, dass die Geschlechterungleichheit die gesamtgesellschaftlichen Ziele der makroökonomischen Politik stark beeinträchtigen kann. Dies ist der Fall, wenn ein restriktiver Zugang zur Bildung und Ausbildung, das Fehlen von Kindertagungsstätten und sozialen Diensten, die Diskriminierung beim Zugang zu und Kontrolle über finanzielle Ressourcen, die Entwicklung des Humankapitals und Sozialkapitals von Frauen und deren Aufstiegschancen beeinträchtigen. Volkswirtschaftlich und unternehmerisch betrachtet ist es irrational, die Leistungsfähigkeit von Frauen nicht zu nutzen. Allerdings blockieren ein lückenhaftes Angebot z.B. an Ganztagsbetreuungsstätten für Kinder und fehlende Basiseinrichtungen im Sozialbereich den ökonomischen Aufstieg von Frauen.

Die Stadt Zürich hat in einer Studie gezeigt, dass der volkswirtschaftliche Nutzen einer umfassenden Kinderbetreuung die Kosten bei weitem übersteigt. Unter anderem weil das Familieneinkommen zunimmt und damit die Kaufkraft. Auch wird mehr in die Sozialversicherung eingezahlt, und Frauen bauen sich eine eigene Altersversicherung auf. Gut ausgebildete Frauen an den Herd zu schicken verringert die Leistungsfähigkeit einer gesamten Gesellschaft und damit deren internationale Wettbewerbsfähigkeit.

Die genderrelevanten Erkenntnisse aus der in den 1990er Jahren entwickelten feministischen Makroökonomie haben zu der Forderung geführt, stärkeren Einfluss auf Wirtschafts- und Finanzpolitik auszuüben. Die Gender-Budgets-Initiative, die 1984 in Australien begann und in Südafrika die längsten Erfahrungen aufweist, ist weltweit ein wichtiges finanzpolitisches Instrument geworden, die Auswirkungen des Staatshaushaltes auf verschiedene Gruppen von Frauen und Männern zu bewerten. Die Gender-Budgets-Initiative geht von der Prämisse aus, dass das gesamte Haushaltsbudget und seine einzelnen Teile unterschiedliche Auswirkungen auf Frauen und Männer haben. Ziel dieser Initiative ist Budgetanalysen nach Geschlecht aufzuschlüsseln, um sicherzustellen, dass Frauen den gleichen Zugang zu den öffentlichen Mitteln haben als Männer.

Der Ausgangspunkt für eine Gender-Budgets-Initiative stellt drei Fragen ins Zentrum der Analyse: 1. Wer profitiert von Staatsausgaben? 2. Wie fördern Veränderungen des öffentlichen Haushaltes und der Steuerpolitiken bestimmte Tätigkeitsbereiche? 3. Wer trägt die Hauptlast dieser Veränderungen? (vgl. Elson, Young 2002). Gerade diese Fragen müssten auch Eingang finden in das Reformkonzept der vier grünen Politikerinnen, um – wie die Autorinnen des Konzeptes selbst fordern - die negativen Konsequenzen der Reform des Sozialstaates gerecht zu verteilen. Die Annahme, dass Gerechtigkeit auf existierenden geschlechtsspezifischen Ungleichheiten am Arbeitsmarkt, im Zugang zu Bildung, in der Integration von Frauen in die Wissenschaft, der Renten- und Gesundheitsbereiche erfolgen kann, scheint eher naiv zu sein. Geschlechtergerechtigkeit ist nicht mit dem Begriff einer neutralen Gerechtigkeit zu erreichen, da die geschlechtlichen Ungleichheiten den Reformvorschlägen vorausgehen. Die Implementierung des Reformkonzeptes der grünen Politikerinnen würde die Ungleichheit zwischen den Geschlechtern stabilisieren, oder auch, wie die feministische Hartz-Kritik gezeigt hat, die Lage der Arbeitslosen und Geringverdienerinnen noch verschlechtern.

Geschlechtergerechte Staatshaushalte sind folglich keine separaten Budgets für Frauen. Es geht in diesen Initiativen weniger um spezielle Frauen- und Frauenförderungsprojekte, die nur wenige Prozente eines Budgets ausmachen, sondern um den scheinbar geschlechtsneutralen Hauptstrom der Budgetausgaben. Diesen gilt es nach Kriterien der sozialen Gerechtigkeit, der Geschlechtergerechtigkeit und der ökologischen Nachhaltigkeit zu überprüfen. Dabei stehen Fragen der geschlechtsspezifischen Auswirkungen der zentralen Ausgaben in allen Sektoren, sowie der Begutachtung der Gleichstellungspolitik und der Zuwendung im öffentlichen Dienst im Vordergrund.

Geschlechtergerechte Staatshaushalte könnten somit ein wichtiges Instrument sein, um mehr Transparenz über die Verwendung staatlicher Mittel im Sinne der Gleichstellung herzustellen. Gerade die neue Forderung, alle wesentlichen Entscheidungskriterien von Regierungspolitik und öffentlicher Administration nach Gender-Mainstreaming Kriterien zu beurteilen, rückt den Blickwinkel der Gleichstellungsfrage und der Verteilungsproblematik auf die Haushaltspolitik, um mit ihr die Auswirkungen auf Frauen und Männer sichtbar zu machen. Es müsste doch auch von den grünen Politikerinnen gefragt werden, wer die GewinnerInnen und VerliererInnen dieser Strukturreform des Sozialstaates sind. Mit den schon bestehenden feministisch-ökonomischen Methoden, kann eine Politik für die ökonomisch Marginalisierten geschlechtsspezifisch so gestaltet werden, dass sie in den ersten Arbeitsmarkt integriert und nicht zu den gesellschaftlichen Verliererinnen der derzeitigen Reformen werden.

Das Neue und Brisante aus den geschlechtergerechten Budgets-Initiativen ist, dass nicht mehr von einem Nachkriegsmodell einer Expansion der Staatsausgaben ausgegangen wird. Vielmehr soll mit dem geschlechtergerechten Budgets-Ansatz das ganze Budget sinnvoll und gerecht verteilt werden. Die systematische Formulierung eines geschlechtergerechten Haushaltes kann dazu beitragen, eine Kosten-Nutzen Berechnung von „public bads“ versus „public goods“ innerhalb einer erweiterten Input-Output Berechnung (inklusive der Versorgungsökonomie) aufzustellen, um den gesamtgesellschaftlichen Nutzen des Budgets zu berechnen.

Trotz dieser positiven Bilanz der Gender-Budgets-Initiative kann die Aufschlüsselung des Haushaltsbudgets nach genderspezifischen Kriterien die existierende Fiskalpolitik nicht beeinflussen. Wie bereits erwähnt wurde, können Gender-Budgets nur im Rahmen der jährlichen Budgetberechnungen eine Umverteilung geschlechtsneutral gestalten helfen.

Gender-Budgets können aber die staatlichen Einnahmen nicht erhöhen. Dies kann nur durch eine alternative Wirtschaftspolitik forciert werden.

4 Das Korsett der Europäischen Zentralbank

Mit der Einführung der Europäischen Wirtschafts- und Währungsunion wurde ein gemeinsamer Wirtschaftsraum geschaffen, in dem die Europäische Zentralbank das geldpolitische Ziel der Preisstabilität durch die Erhöhung und Senkung von Zinsraten bestimmt (vgl. Heine, Herr 1999). Das Ziel der Preisstabilität entspricht den Konvergenzkriterien im Maastrichter Vertrag. Diese ausschließlich monetär und fiskalpolitisch ausgerichteten Kriterien sehen vor, dass der öffentliche Schuldenstand nicht mehr als 60 Prozent des nominalen Bruttoinlandsprodukts und das jährliche öffentliche Defizit nicht mehr als 3 Prozent des nominalen Bruttoinlandsprodukts betragen. Die Inflationsrate (gemessen an den Verbraucherpreisen) darf nicht mehr als 1,5 Prozentpunkte über dem Preisanstieg der drei preisstabilsten Länder liegen, und Renditen langfristiger Staatsschuldverschreibungen dürfen nur um 2 Prozentpunkte höher sein als der Durchschnitt der drei preisstabilsten Länder (vgl. Giordano, Persaud 1998; King 1998; Young 2001).

Der Maastrichter Vertrag verpflichtet die Gremien der EZB, vor allem das Ziel der Preisstabilität radikal zu verfolgen. Andere wirtschaftspolitische Ziele werden dabei untergeordnet: „Das vorrangige Ziel des ESZB ist es, die Preisstabilität zu gewährleisten (Art. 105, Abs. 1 EG-Vertrag). Nur soweit es ohne Beeinträchtigung des Ziels der Preisstabilität möglich ist, unterstützt das ESZB die allgemeine Wirtschaftspolitik in der Gemeinschaft ..." (vgl. Kasten, Soskice, Hennessy 1999).

Diese Maastrichter Konvergenz-Kriterien wurden dann im Stabilitätspakt in Dublin Ende 1996 noch mit Sanktionen gegen „Sünderländer" (vgl. Heine, Herr 1999) weiter verschärft. Vorgesehen ist nun, dass eine Überschreitung der 3 Prozentpunkte des öffentlichen Haushaltsbudgets, gemessen am BIP, nur dann gestattet ist, wenn exogene Faktoren zu einer konjunkturellen wirtschaftlichen Krise führen. Darüber hinaus sind auch Sanktionsmittel innerhalb von 10 Monaten gegen den Verstoß eines übermäßigen Defizits vorgesehen. Es ist bislang noch unklar, bis zu welcher Höhe der Rat der Finanzminister eine Überschreitung des fiskalischen Referenzwertes ohne Sanktionen akzeptieren wird.

Entscheidend bei den Maastrichter Kriterien und dem Stabilitätspakt ist die Entpolitisierung der Wirtschaftspolitik. Derzeit gibt es keine Institution, die analog zu den Wirtschaftsministerien auf nationalstaatlicher Ebene die Macht hätte, expansive oder kontraktive europäische Fiskalpolitik durchzuführen. Die Notenbankchefs sowie Finanzminister haben mit diesem Regelwerk erzwungen, „dass in der Regel auch in konjunkturellen Abschwüngen die 3-vH-Marke nicht überschritten wird und damit der Budgetsaldo überzyklisch deutlich unter der 3-vH-Grenze liegt. Hiervon soll grundsätzlich auch dann nicht abgewichen werden, wenn mit den Krediten Investitionsprojekte finanziert werden sollen“ (vgl. Heine, Herr 1999, S. 541).

Die Verabsolutierung der restriktiven Geldpolitik signalisiert eine grundlegende Akzentverschiebung von einer keynesianischen zu einer monetären Wirtschaftspolitik (vgl. Young, Hegelich 2002). Die restriktive Geldpolitik impliziert, dass eine expansive Wirtschaftspolitik mit dem Ziel einer Erhöhung oder Stabilisierung des Beschäftigungsniveaus stark begrenzt ist. Wenn wir rückblickend die „Goldene-Phase“ des Nachkriegskapitalismus (Fordismus) und die damit verbundene Verteilungspolitik näher betrachten, dann sorgte die Kopplung der Reallöhne an die Produktivität und die nationalstaatliche antizyklische Geld- und Wirtschaftspolitik für den wirtschaftlichen Aufschwung. Die Voraussetzung für das gleichgewichtige Wachstum von Arbeitsproduktivität und realen Lohneinkommen der (meist männlichen) Arbeiter waren die national-territorialen institutionellen Regulationsweisen der Lohn- und Geldpolitik. Die Kompatibilität zwischen Akkumulation und Nachfrage wurde durch entsprechende regulierende staatliche und gesellschaftliche Institutionen ausbalanciert. Der Keynesianische Wohlfahrtstaat hatte vor allem die Funktion, die Nachfrage zu regeln und die sozialen Rechte über neue Normen des Massenkonsums auszuweiten (vgl. Jessop 1994; Young 2001, 2003). Die Geldpolitik in dieser Ära von „Golden-Age" Kapitalismus war mittelfristig expansiv ausgerichtet. Ein wichtiger Bestandteil dabei war die antizyklische Zinspolitik. Innerhalb der Grenzen des nationalstaatlichen Raumes wurde die keynesianische Vollbeschäftigung zum ökonomischen Stabilitätsfaktor und zum Vehikel der Identitätsbildung der BürgerInnen. Dieses gesamtgesellschaftliche Nachkriegsmodell charakterisierte David Held et al. (1999) als eine Schicksalsgemeinschaft (community of fate).

5 Gender-Budgets im Kontext der europäischen Finanzpolitik

Damit Gender-Budgets-Analysen Gestaltungsspielräume im Kontext einer wachstumsorientierten Wirtschaftpolitik erhalten, muss eine alternative Wirtschaftspolitik europaweit gefordert und durchgesetzt werden. Alternative Konzeptionen für eine neue Makropolitik gibt es bereits, die auch für feministische Ökonominnen von Bedeutung sein könnten. Seit 1995 existiert die Arbeitsgruppe Alternative Wirtschaftspolitik, die aus einem informellen Forum europäischer Ökonominnen und Ökonomen besteht und von der Universität Bremen koordiniert wird (www.memo-europe.uni-bremen.de). Diese Arbeitsgruppe grenzt sich vom neoliberalen Mainstream ab und verfolgt die Ziele Vollbeschäftigung, soziale Sicherheit, Wohlstand und ökologische Nachhaltigkeit. Auf der europäischen Ebene gibt es darüber hinaus ein thematisches Netzwerk zu „Full Employment for Europe". Das Netzwerk ist Teil des Programms „Targeted Socio-Economic Research" (TSER) der Europäischen Kommission (www.cordis.lu).

In beiden Gruppen findet man Ökonominnen, Analysen zu einer alternativen Wirtschaftspolitik aus einer Genderperspektive gibt es bisher jedoch nicht. Trotzdem lassen sich hier wichtige Ansatzpunkte für die Gender Budgets Initiative finden. Die zentrale Kritik der alternativen

ÖkonomInnen ist, dass der Stabilitäts- und Wachstumspakt grundlegend von seinem Korsett einer Defizitobergrenze von 3 % des BIP für staatliche Haushalte befreit werden muss, damit nationale Regierungen wieder eine Fiskalpolitik verfolgen können, die wachstumsfördernd ist und genügend Spielraum für antizyklische Maßnahmen gewährt (www.memo-europe.uni-bremen.de). Derzeit befinden wir uns in einer Situation, in der die gesamtstaatliche Fiskalpolitik durch den Stabilitätspakt negativ koordiniert wird, und zwar „ausschließlich in restriktiver Richtung bis zum Erreichen eines ausgeglichenen Budgets" (Priewe 2001, S. 23). Gleichermaßen argumentiert das DGB-Forschungsinstitut WSI in seinem Heft Dezember 2002, dass die Finanzpolitik von den Fesseln des Stabilitäts- und Wachstumspaktes der EU befreit werden muss. Anstatt Sparpakete und ausgeglichene Haushalte zu verfolgen, sollten der Staatskonsum um drei Prozent jährlich und die öffentliche Investitionen noch stärker angekurbelt werden, damit Wachstum und Beschäftigung wieder als anzustrebendes Ziel im Zentrum einer koordinierten europäischen Wachstumspolitik steht (vgl. Bartsch et al. 2002).

Erst mit einer wachstumsorientierten Makropolitik können Arbeitsplätze geschaffen werden, die dann wiederum für höhere Steuereinnahmen und für eine effektive Binnennachfrage sorgen. Höhere Steuern bedeuten höhere staatliche Einnahmen, die den Spielraum für staatliche Ausgaben vergrößern. Nur mit einem expandierenden Budget lässt sich auch eine gendergerechte Verteilung von staatlichen Mitteln verfolgen, die Chancen bietet, die derzeitigen Geschlechterungleichheiten innovativ zu bekämpfen, und damit die gesellschaftliche Stärkung von Frauen durch ihre Mitbestimmung in wirtschaftspolitischen und gesellschaftlichen Belangen zu fördern.

Die aktuelle Krise und europaweite Debatte um den Stabilitäts- und Wachstumspakt kann auch als ein „window of opportunity" für feministische Ökonominnen und Politikökonominnen gesehen werden, sich konstruktiv in die Gestaltung einer neuen geschlechtergerechten Makropolitik in der Europäischen Union einzumischen. Ein wesentlicher Bestandteil dieser Politik ist die Gender-Budgets Initiative.

Endnoten

[1] Der Abschnitt zu den geschlechtergerechten Staatshaushalten wird teilweise aus dem von mir als Sachverständige der Enquete-Kommission des Deutschen Bundestages, „Globalisierung der Weltwirtschaft – Herausforderungen und Antworten“ geschriebenen Teil zu Gender-Budgets des Schlussberichtes entnommen (S. 105-106).

Literatur

(*) weiterführende Literatur

Arbeitsgruppe Alternative Wirtschaftspolitik (2002): Memorandum 2002: Bessere Institutionen, Regeln und Instrumente für Vollbeschäftigung und Sozialen Wohlstand in Europa, Barcelona-Bremen-London-Paris, www.memo-europe.uni-bremen.de.

Bartsch, Klaus; Eckhard Hein; Bern Mülhaupt; Wolfgang Scheremet; Achim Truger (2002): WSI Konjunkturbericht 2002: Makroökonomische Verantwortung wahrnehmen! In: WSI Mitteilungen 12/2002, S. 691-705.

Budlender, Debbie; Elson Diane; Hewitt Guy; Mukhopadhyay Tanni (2002): Gender Budgets Make Cents, London: Commonwealth Secretariat.

Deutscher Bundestag (2002): Schlussbericht der Enquete-Kommission, Globalisierung der Weltwirtschaft – Herausforderungen und Antworten, DB, Drucksache 14/9200 (im Internet unter: www.bundestag.de/globalisierung).

Elson, Diane; Young, Brigitte (2002): Geschlechtergerechtigkeit durch Gender Budgeting? Berlin: Heinrich Böll Stiftung.

Frankfurter Rundschau, „Weg von der Notlagen-, hin zur Reformdebatte. Wie sich die grünen Bundestagsabgeordneten Anna Lührmann, Christine Scheel, Thea Dückert und Grietje Bettin die Zukunft des Sozialstaates vorstellen“, 28.12.2002, S. 14.

Frankfurter Rundschau, „Die Benachteiligungen berufstätiger Frauen werden erweitert. Das Hartz-Konzept und die großen Verliererinnen“, 22.11.2002, S. 20.

Frankfurter Rundschau, „Streit über europäischen Stabilitätspakt“, 18.11.2002, S. 9.

Frankfurter Rundschau, „Der ‚dumme' Stabilitätspakt und die Alternativen," 23.10.2002, S. 9.

Giordano, Francesco; Sharda Persaud (1998): The Political Economy of Monetary Union. Towards the Euro. London/New York: Routledge.

Heine, Michael; Herr Hansjörg (1999): Verdrängte Risiken der Euro-Einführung, Heft 8, S. 539-547.

Held, David; McGrew, Anthony; Goldblatt, David; Perraton, Jonathan (1999): Globale Transformation. Stanford: Stanford University Press.

Jessop, Bob (1994): Post-Fordism and the State. In: Ash Amin (Hg.), Postfordism. A Reader. Oxford: Blackwell Publ.

Josczok, Detlef (2001): Bildung – kein Megathema. In: Aus Politik und Zeitgeschichte, B36/2001, S. 33-38.

Kasten, Gabriele; Soskice, David (unter Mitarbeit von Hennessy, Alexandra) (1999): Möglichkeiten und Grenzen von Beschäftigungspolitik in der Europäischen Wirtschafts- und Währungsunion. Berlin: WZB, FS I 99-303.

Kaul, Inge; Grunberg, Isabelle; Stern, Marc A. (1999): Global Public Goods, New York: Oxford University Press.

King, Mervyn (1998): The Political Economy of European Union. European University Institute Lecture Series, Florenz, Italien, September 1998.

Priewe, Jan (2001): Integrierte Makropolitik für mehr Beschäftigung in Europa, Gutachten für die Enquete-Kommission des Deutschen Bundestages, Globalisierung der Weltwirtschaft – Herausforderungen und Antworten, www.bundestag.de/Globalisierung).

(*) Schaper, Klaus (2000): Keynesianische Makropolitik im Zeitalter von Euro und Globalisierung. In: WSI-Mitteilungen, 6/2000, S. 382-392.

Läufer, Thomas (Hrsg) (1998): Vertrag von Amsterdam. Bonn. Presse und Informationsamt der Bundesregierung.

Young, Brigitte (2003): Der (neoliberale) Globalisierungsdiskurs als Konstituierungsmoment der europäischen Integration.

Young, Brigitte (2002): On Collision Course. The European Central Bank, Monetary Policy, and the Nordic Welfare Model. In: International Feminist Journal of Politics, 4:3 (December 2002), S. 295-314.

Young, Brigitte (2001): Genderdemokratische Governance der Finanzpolitik in der Europäischen Währungsunion. In: Zeitschrift für Frauenforschung Geschlechterstudien, Heft 1/2, S. 79-91.

Young Brigitte; Hegelich, Simon (2002): Shareholder Kapitalismus und das Casino Spiel an den Aktienbörsen. In: Österreichische Zeitschrift für Politikwissenschaft Nr. 4.

Staatsausgaben aus der Geschlechterperspektive – Methodischer Ansatz und erste Ergebnisse für Österreich

Christa Schlager und Birgit Trukeschitz

Die Wirtschaftspolitik – nicht anders als andere Politikbereiche auch – ist gegenwärtig von dem Verständnis geprägt, dass Menschen zwar ein biologisches („sex") aber kein soziales („gender") Geschlecht haben und wirtschaftspolitische Maßnahmen daher neutral auf Männer wie Frauen wirken. Ein wesentlicher Ansatzpunkt feministischer Kritik an der herrschenden Wirtschaftspolitik besteht daher im Aufzeigen von Geschlechterdifferenzen, in der „Vergeschlechtlichung", dem „engendering" der ökonomischen Begriffswelt und ökonomischer Konzepte. Es geht darum, geschlechtsblinde Flecken sichtbar zu machen und damit einen anderen Blick auf Wirkungen und Bedeutungen bestimmter Maßnahmen zu bekommen, um sie letztlich auch neu, d.h. geschlechtergerecht, zu konzipieren (vgl. BEIGEWUM 2002, S. 9f).

Budgetpolitik ist ein Teil der Wirtschaftspolitik – und zwar einer ihrer zentralsten. Mittels Einnahmen (Steuern, Gebühren und Beiträge, öffentliche Verschuldung und Vermögensveräußerung) und Ausgaben (Investitionen, Gehälter, Darlehen, Transfers etc.) erfüllt der Staat eine Lenkungs- Stabilisierungs- und Verteilungsfunktion. In der herrschenden Diskussion wird allerdings die Verteilungswirkung von Einnahmen und Ausgaben auf die Geschlechter ausgeblendet. Aus feministischer Sicht geht es deshalb darum, die angebliche Geschlechtslosigkeit des Budgets in Frage zu stellen und damit neu zu denken (vgl. BEIGEWUM 2002, S. 10).

Für Österreich gibt es bis dato nur wenige Versuche, staatliche Ausgaben hinsichtlich ihrer Auswirkungen auf die Lebenssituation von Frauen und Männer zu betrachten. Im Zentrum dieses Beitrags steht das Bundesbudget Österreichs, das im Folgenden in den Bereichen der Personal- und Bildungsausgaben auf geschlechterspezifische Wirkungen hin untersucht wird. Diese Analysen bauen auf der Methodik und Vorgehensweise einer für die Schweiz veröffentlichten Studie über die geschlechtsspezifischen Auswirkungen von Staatsausgaben auf. Ziel dieses Beitrags ist die Anwendung des Schweizer Ansatzes auf ausgewählte Ausgabenbereiche des österreichischen Bundesbudgets sowie die kritische Einschätzung der Übertragbarkeit dieses Zugangs. In einem ersten Schritt stellen wir den methodischen Ansatz der Schweizer Studie vor und geben einen Überblick über die für die Schweiz erzielten Ergebnisse. Im Anschluss daran werden Ausgaben des Bundes hinsichtlich ihrer geschlechtsspezifischen Beschäftigungswirkungen untersucht und Genderwirkungen des Bundesbudgets anhand öffentlicher Personal- und Bildungsausgaben des Bundes für Österreich illustriert.

1 Das Schweizer Pilotprojekt

Im Rahmen zahlreicher Gender-Budgetinitiativen sind weltweit unterschiedliche Ansätze zur Berücksichtigung der Effekte öffentlicher Einnahmen und Ausgaben auf die Situation von Frauen und Männern entwickelt worden (siehe Klatzer in diesem Band). Mitte der 1990er Jahre wurde in der Schweiz eine Studie durchgeführt, die zum Ziel hatte, die Ausgaben der öffentlichen Hand nach Gender-Gesichtspunkten zu untersuchen, um herauszufinden, ob erfolgte Sparmaßnahmen überproportional zu Lasten von Frauen gingen. Diese Studie, die vom BASS (Büro für arbeits- und sozialpolitische Studien) vorgelegt wurde, ist in zweierlei Hinsicht für weiterführende Analysen von Gender-Budgets von Interesse. Zum einen enthält sie ein Konzept zur Systematisierung der unterschiedlichen Auswirkungen von „Staatsausgaben" auf die Lebenssituation von Frauen und Männer, das in den grundlegenden Zügen auf die öffentlichen Haushalte anderer europäischer Staaten übertragen werden könnte. Zum anderen wurde dieses Konzept von den Studienautoren nicht nur für die Analyse des status quo der öffentlichen Ausgaben angewandt, sondern auch für die Identifizierung der Veränderung der Ausgaben im Zeitablauf und deren Auswirkungen auf Frauen und Männer verwendet. Im Konkreten widmet sich die Schweizer Studie der Analyse öffentlicher Ausgaben in Zeiten restriktiver Ausgabenpolitik (Sparperioden) und analysiert die damit einhergehenden Belastungen, denen sich Frauen gegenüber sehen (vgl. Bauer, Baumann 1996).

Hinter diesen Ansätzen liegt die Vorstellung der ökonomischen und gesellschaftlichen Ungleichheit von Frauen und Männern. Frauen unterliegen im Wirtschaftsleben einer doppelten Diskriminierung. Beschäftigungs- und Lohndiskriminierung führen dazu, dass Frauen im Schnitt niedrigere Löhne erhalten und auch Arbeiten verrichten, die zum Teil gar nicht bezahlt werden (z.B. Betreuungs- und Pflegeleistungen für Kinder und ältere Menschen, ...). Die Ausgaben des Staates können, obwohl sie vermeintlich neutral sind, die Ungleichheiten zwischen den Geschlechtern manifestieren bzw. auch noch verstärken. Ziel der Schweizer Studie ist es daher, geschlechterspezifische Wirkungen öffentlicher Ausgaben transparent zu machen und die Ausgabenpolitik des Staates als Instrument gegen ungleiche Lebensbedingungen von Frauen und Männern zu begreifen.

Geschlechterspezifische Auswirkungen öffentlicher Ausgaben wurden in der Schweiz auf zwei Ebenen erfasst. Die erste Ebene bilden **Beschäftigungswirkungen staatlicher Ausgaben**. Öffentliche Institutionen beschäftigen Personen (z.B. Bedienstete des Bundes, der Länder und Gemeinden), die hoheitliche und auf privatrechtlicher Basis beruhende Aufgaben des öffentlichen Sektors erfüllen. Diese direkten Beschäftigungswirkungen spiegeln sich in den Ausgaben für Personal der öffentlichen Budgets wider. Darüber hinaus rufen Aktivitäten des öffentlichen Sektors auch indirekte Beschäftigungswirkungen hervor. Hier schaffen Ausgaben der öffentlichen Hand im privaten Sektor Beschäftigung. Diese indirekten Beschäftigungswirkungen resultieren einerseits aus Sachausgaben und andererseits aus Transferausgaben des öffentlichen Sektors. In den Sachausgaben bildet sich der Geldwert der Nachfrage öffentlicher Institutionen nach Gütern und Dienstleistungen ab. Diese Nachfrage schafft Beschäftigung im privaten Sektor. In der BASS-Studie konnten die Beschäftigungswirkungen öffentlicher Sachausgaben ermittelt werden. Die Identifizierung der Beschäftigungswirkungen öffentlicher Transferausgaben gestaltet sich bei weitem schwieriger. Hierzu konnten auch in der Schweizer Studie keine Aussagen getroffen werden.

Die zweite Ebene der Betrachtung öffentlicher Ausgaben in der BASS-Studie bildet eine **partiell-quantitative Budgetanalyse**. Mit Hilfe von Plausibilitätsüberlegungen wurden den einzelnen Ausgabenposten geschlechtsspezifische Wirkungen auf drei Ebenen (Beschäftigung, Nutzung, Folgen für Gratisarbeit) zugeordnet, die anhand des verfügbaren statistischen Materials in ihren quantitativen Dimensionen illustriert werden.

Im Folgenden sollen diese drei Wirkungsebenen näher beleuchtet werden:

1. Beschäftigung: Welche Auswirkungen haben öffentliche Ausgaben eines spezifischen Budgetpostens auf die Beschäftigung von Frauen und Männer in staatlichen Institutionen?

2. Nutzung: Kommen die mit diesen Ausgaben erstellten Güter und Dienstleistungen tendenziell Frauen oder Männer zugute?

3. Folgen für die Gratisarbeit: Welche Auswirkungen haben öffentliche Ausgaben auf die Gratisarbeit (unbezahlte Arbeit im formellen und informellen Bereich) und wie verteilt sich diese auf Frauen und Männer?

1.1 Wirkungsebenen und Kategorisierungen für eine gendersensible Ausgabenanalyse

1.1.1 Auswirkungen einzelner öffentlicher Ausgaben auf die Geschlechterverhältnisse der Beschäftigung in staatlichen Institutionen

Im Rahmen der partiell-quantitativen Budgetanalyse steht die Betrachtung der **Beschäftigungswirkungen**, die aus einem spezifischen Ausgabenposten resultieren, im Vordergrund.

Für die Zuordnung der Beschäftigungswirkungen zu den einzelnen Ausgabenposten wurde eine **Kategorisierung** erstellt, die sich an den Frauenanteilen der Beschäftigung in diesen Bereichen orientiert (vgl. Tabelle 1). Dabei wird von einer Dreiteilung ausgegangen, die jeweils gleich große Anteile der Beschäftigung den frauen- bzw. männerorientierten Bereichen zuweist und einen kleineren Bereich als neutralen Bereich klassifiziert. Beträgt z.B. der Beschäftigungsanteil von Frauen weniger als 40 %, so kennzeichnet dies öffentliche Ausgabenbereiche, in denen vorwiegend Erwerbsarbeitsplätze, die von Männern besetzt werden, vorherrschen.

Tabelle 1: Kategorisierung der Geschlechterverhältnisse der Beschäftigungswirkungen und der Nutzung der Angebote

Beschäftigung	Frauenanteil	Nutzung	Frauenanteil
ff......stark frauenorientiert	80-100 %		
f.......mittel frauenorientiert	60-79 %	f......überwiegend Frauen	60-100 %
o......neutral	40-59 %	o....neutral	41-59 %
m......mittel männerorientiert	20-39 %	m...überwiegend Männer	0-40 %
mm...stark männerorientiert	0-19 %		

Quelle: Bauer, Baumann 1996; eigene Zusammenstellung

1.1.2 Geschlechtsspezifische Nutzung der Güter und Dienstleistungen

Die zweite Wirkungsebene nach Bauer, Baumann (1996) versucht zu erfassen, ob Frauen oder Männern tendenziell häufiger die mit öffentlichen Mitteln finanzierten Güter und Leistungen zugute kommen. Die Kategorisierung bezieht sich auf den Anteil der Frauen an der Gesamtzahl der NutzerInnen dieser Leistungen. Da hier für die Schweiz die Datenlage nicht so differenziert vorlag, wurde auf eine Abstufung des Frauenanteils innerhalb der Kategorien frauen- bzw. männerorientierten Nutzung verzichtet. (vgl. Tabelle 1)

1.1.3 Folgen für die Gratisarbeit

Auf der dritten Wirkungsebene werden weitere Aspekte der unterschiedlichen Lebenssituation von Frauen und Männern abgebildet. Als Indikator dazu dient die Gratisarbeit. Dahinter steht die Frage, ob die Veränderung von öffentlichen Ausgaben zu einer Veränderung des Ausmaßes der geleisteten unbezahlten Arbeit führt. Zugespitzt: führt der Abbau von staatlichen Leistungen zu einem Anstieg der kompensierenden Gratisarbeit? Von ihren ursprünglichen Überlegungen war diese Dimension der „Folgen" öffentlicher Ausgaben breiter gefasst. Neben der Gratisarbeit sollten dabei auch an weitere Indikatoren, wie der Anstieg der Arbeitslosigkeit, der Verlust von Leistungen, der Anstieg von Einkommensverlusten, Aufrechterhaltung oder Verstärkung der Ungleichstellung von Frauen usw. mit einbezogen werden.

1.2 Ergebnisse für die Schweiz

Die nachfolgende Übersicht (Tabelle 2) gibt vereinfacht die Ergebnisse der Analyse geschlechtsspezifischer Auswirkungen der Bundesausgaben für die Schweiz Mitte der 1990er Jahre wieder und veranschaulicht die Anwendung der Kategorisierung (vgl. 1.1.1) auf die unterschiedlichen Bereiche öffentlicher Ausgaben.

Tabelle 2: Überblick über die Ausgabenposten nach geschlechtsspezifischen Wirkungen (Schweiz, Mitte der 1990er)

Ausgabenposten	Wirkungen		
	Beschäftigung	Nutzung	Folgen
Allgemeine Verwaltung	m	o	-
Öffentliche Sicherheit	mm	o	-
Landesverteidigung	mm	o	-
Beziehungen zum Ausland	m	o	-
Bildung	ff/mm	m/(f)	(ja)
Kultur und Freizeit	o	o	(ja)
Gesundheit	f(f)	o	ja
Soziale Wohlfahrt	o	m/f	(ja)
Verkehr	mm	m	-
Umwelt und Raumordnung	m(m)	o	-
Volkswirtschaft[1)]	m(m)	o	-
Finanzen und Steuern	m	o	-

[1)] Darunter fallen in der Schweiz alle Arten von Wirtschaftsförderung
Quelle: Bauer, Baumann 1996: 83ff, eigene Zusammenstellung

Für die Schweiz lassen sich mit Hilfe der Tabelle 2 die Befunde folgendermaßen zusammenfassen: Bei Betrachtung der einzelnen Wirkungsebenen, fällt anhand der vorgenommenen Kategorisierungen im Bereich der **Beschäftigungswirkungen** auf, dass mit Hilfe öffentlicher Ausgaben in den meisten Bereichen vorwiegend Männer im öffentlichen Sektor erwerbstätig sind. Ausnahmen finden sich in vereinzelten Bereichen, wie jener der Sozialen Wohlfahrt – hier bewegt sich der Frauenanteil an allen in diesem Bereich im öffentlichen Sektor Erwerbstätigen zwischen 40 % und 59 % und damit im „neutralen" Bereich. Im Ausgabenkapitel Gesundheit überwiegt die Beschäftigung von Frauen. Für den Ausgabenbereich Bildung sind die Aussagen weit weniger eindeutig. Hier ist der Frauenanteil an der Gesamtbeschäftigung im Zusammenhang mit der Art der Bildungseinrichtung zu betrachten. Technische Ausbildungseinrichtungen weisen ein männerdominiertes Beschäftigungsmuster auf. (vgl. Tabelle 2)

Für die Dimension der **Nutzung der Güter und Leistungen**, die mit öffentlichen Ausgaben finanziert werden, verschiebt sich der Gesamteindruck in Richtung einer ausgewogenen Nutzung der staatlich bereitgestellten Güter und Dienstleistungen durch Frauen und Männer. Doch auch hier ergeben Differenzierungen in den beiden Bereichen Bildung und Soziale Wohlfahrt ein unterschiedliches Bild der Geschlechterwirkungen dieser Ausgabenposten. Für das Ausgabenkapitel Verkehr wurde festgestellt, dass Verkehrseinrichtungen in einem weitaus größeren Ausmaß von Männern genutzt werden (vgl. Tabelle 2).

Aus Tabelle 2 ist ersichtlich, dass Aussagen über die Wirkungsdimension **„Folgen für die Gratisarbeit"** nicht für jedes Budgetkapitel abgeleitet werden konnten. Für die Analyse der geschlechtsspezifischen Rückwirkungen der Ausgabenänderungen auf die Gratisarbeit waren Datenmaterial bzw. vorliegende Studien nicht in ausreichendem Ausmaß verfügbar. Auch bei Plausibilitätsüberlegungen ist bei der Dimensionierung dieser Auswirkungen vorsichtig vorzugehen. Illustriert wird dies für den Bereich Soziale Wohlfahrt. Kürzungen von Transfers führen nicht zwangsläufig zu einem Anstieg der unbezahlten Pflege- und Betreuungsarbeit. Dies ist insbesondere dann nicht der Fall, wenn parallel zur Kürzung der Geldleistungen bedürfnisgerechte soziale Dienstleistungen vorhanden und diese den jeweiligen Zielgruppen auch gratis zugänglich sind. Für die Bereiche Gesundheit, Soziale Wohlfahrt, Kultur und Freizeit und Bildung[1] konnten schließlich die Folgen von Ausgabenkürzungen in diesen Bereichen für die Gratisarbeit ermittelt werden. Ausgabenkürzungen führten hier zu einem Anstieg der Gratisarbeit.

Neben der Ermittlung des status quo der Genderwirkungen öffentlicher Ausgaben zielte die BASS-Studie ab, die **Auswirkungen von Ausgabenänderungen** abzubilden. Unter Berücksichtigung der makroökonomischen Rahmenbedingungen werden zwei Budgetperioden miteinander verglichen. In der untersuchten Sparperiode wurden Ausgabenposten gekürzt, die für die Beschäftigung von Frauen wichtig sind und die zu einem Anstieg der Gratisarbeit (die traditionellerweise von Frauen geleistet wird) führten. Unterm Strich ergab die Untersuchung, dass in der betrachteten Zeit budgetärer Ausgabenkürzungen, diese eine überdurchschnittliche Belastung von Frauen zur Folge hatten (vgl. Bauer, Baumann 1996).

2 Ausgewählte Ausgaben des Bundes in Österreich aus Geschlechterperspektive

Der öffentliche Sektor in Österreich umfasst Bund, Länder, Gemeinden und deren Fonds, sowie die Sozialversicherungen und die Kammern. Bei einer Staatsausgabenquote von 52,3 % (2001) ist der Bund mit 28,5 % wichtigste Institution, mächtigster Akteur und im folgenden Gegenstand der Untersuchung. Studien zu den geschlechtsspezifischen Auswirkungen der Staatsausgaben sind für Österreich kaum vorhanden, Geschlechterwirkungen von Budgets im öffentlichen Diskurs kaum Thema. Das oben vorgestellte Schweizer Modell enthält einen analytischen Rahmen, der in einigen Bereichen auf Österreich übertragen werden kann. Wir orientieren (!) uns deshalb in der folgenden Darstellung der Auswirkungen der Bundesausgaben auf Männer und Frauen an diesem Modell. Dabei fokussieren wir unsere Ausführungen auf die Beschäftigungswirkungen des Bundes (vgl. Abschnitt 2.1) und die Bildungsausgaben des Bundes (vgl. Abschnitt 2.2).

2.1 Geschlechtsspezifische Beschäftigungswirkungen des Bundes

2.1.1 Der Bund als Arbeitgeber

Laut Bundesministerium für Öffentliche Leistung und Sport waren im Jahr 2001 in Österreich rund 160.000 Personen, darunter rund 56.000 Frauen **im Bundesdienst beschäftigt**. (Siehe dazu Tabelle 3 – nicht inkludiert sind jene Bundesbediensteten, die jetzt in den ausgegliederten Betrieben, wie Telekom, Post oder Arbeitsmarktservice, arbeiten, ca. 50.000 Personen). Der Frauenanteil im Bundesdienst liegt bei 35 %. Bei den BeamtInnen ist er mit rund 23 % relativ gering, bei den Vertragsbediensteten mit über 61 % überproportional hoch. Nach Beschäftigungsgruppen ist der Frauenanteil bei den sozialen, sowie in den Lehrberufen traditionell hoch, im Verwaltungsdienst nähert sich der Wert der 50 % Schwelle.

Tabelle 3: Beschäftigte des Bundes 2001

Aktive	Frauen (absolut)	Männer (absolut)	Gesamt (absolut)	Frauenanteil (in %)
GESAMT	55.811	104.185	159.996	**34,88**
Art des Beschäftigungsverhältnisses:				
BeamtInnen	25.066	84.527	109.593	**22,87**
Vertragsbedienstete	30.225	19.251	49.476	**61,09**
Sonstige	520	396	916	**56,77**
Qualifikationsgruppen:				
AkademikerInnen	20.461	29.216	49.677	**41,19**
MaturantInnen	10.392	15.718	26.110	**39,80**
Fachdienst	14.151	52.023	66.174	**21,38**
Hilfsdienst	10.026	8.578	18.604	**53,89**
Sonstige	780	1.603	2.383	**32,73**

Aktive	Frauen (absolut)	Männer (absolut)	Gesamt (absolut)	Frauenanteil (in %)
Berufsgruppen:				
Verwaltungsdienst	30.642	34.297	64.939	**47,19**
Exekutivdienst	1.794	29.116	30.910	**5,80**
Militärischer Dienst	97	13.684	13.781	**0,70**
RichterInnen, Staatsanwälte	787	1.505	2.292	**34,34**
HochschulehrerInnen	2.131	7.325	9.456	**22,54**
LehrerInnen	19.150	17.358	36.508	**52,45**
Krankenpflegedienst	545	119	664	**82,08**
Sonstige	665	781	1.446	**45,99**

[1] Bruttojahresbezüge dividiert durch 14, ohne Lehrlinge, ÖBB, Post, und LandeslehrerInnen
Quellen: BMÖLS: PIS & Besoldung

Obwohl die **Einkommen** der Frauen im Bundesdienst im Durchschnitt wesentlich höher sind als in der Privatwirtschaft, kann im Öffentlichen Dienst selbst von Gleichstellung noch keine Rede sein: In allen untersuchten Gruppen haben Frauen niedrigere Gehälter als Männer. Beamte verdienen im Schnitt 9 % mehr als Beamtinnen, vertragsbedienstete Männer sogar um 15 % mehr als vertragsbedienstete Frauen (siehe Tabelle 4). Werden die Verdienste nach Qualifikation- oder Berufsgruppen gegliedert, kommen die Unterschiede noch deutlicher zum Vorschein. Auch bei hoher Qualifikation gibt es große Unterschiede, bei AkademikerInnen liegen die Einkommensunterschiede bei etwa 35 %. Lediglich im stark frauendominierten Krankenpflegedienst können annähernd gleiche Verdienste festgestellt werden.

Tabelle 4: Monatseinkommen 2001[1)]

	Frauen	Männer	EK-Unterschied
Aktive	Median-Einkommen (EUR)		in %
Art des Beschäftigungsverhältnisses:			
Beamt/innen	**2.466**	2.682	8,76
Vertragsbedienstete	**1.441**	1.661	15,27
Qualifikationsgruppen:			
Akademiker/innen	**2.747**	3.715	35,24
Maturant/innen	**2.000**	2.635	31,75
Fachdienst	**1.602**	2.294	43,20
Hilfsdienst	**1.252**	1.442	15,18
Berufsgruppen:			
Verwaltungsdienst	**1.499**	2.063	37,63
Exekutivdienst	**1.958**	2.613	33,45
Militärischer Dienst	**1.293**	2.118	63,81
RichterInnen, StaatsanwältInnen	**3.265**	4.849	48,51
Hochschullehrer/innen	**2.946**	4.423	50,14
Lehrpersonal	**2.545**	3.284	29,04
Schulaufsicht	**4.520**	4.758	5,27
Krankenpflegedienst	**1.932**	1.997	3,36

[1)] Bruttojahresbezüge dividiert durch 14, ohne Lehrlinge, ÖBB, Post und LandeslehrerInnen
Quellen: BMÖLS: PIS & Besoldung

Dennoch zeigt sich in einem direkten Vergleich zwischen Frauen als öffentlich Bedienstete und Frauen im privaten Sektor, dass Frauen im öffentlichen Bereich Einkommensvorteile lukrieren können (siehe Tabelle 5). Im Schnitt verdient eine öffentlich Bedienstete um 16 % mehr als eine Angestellte.

Tabelle 5: Bruttojahreseinkommen 2001 für Vollzeitbeschäftigte (ohne Einmalzahlungen) in Euro

Frauen	Angestellte (absolut)	Öffentlich Bedienstete (absolut)	EK-Unterschied (in %)
Angestellte/Öffentlich Bedienstete	**24.000**	**27.910**	**16,3**
Hilfs-, ungelernte oder angelernte Tätigkeit	18.170	19.710	8,5
mit gelernter Tätigkeit/einfacher Tätigkeit	19.910	22.270	11,9
mittlerer Tätigkeit	25.730	27.040	5,1
höherer Tätigkeit	29.190	33.150	13,6
hochqualifizierter Tätigkeit	40.870	50.140	22,7
führender Tätigkeit	36.560	50.140	37,1

Quelle: Rechnungshof 2002

Für Männer gilt das nicht in gleicher Weise: Männliche Angestellte verdienen im Schnitt um 22 % mehr als ihre Kollegen im öffentlich Dienst. Dies zeigt auch schon, dass im privaten Sektor eine viel größere Einkommensdiskriminierung von Frauen besteht: Im österreichischen Schnitt verdienen vollzeitarbeitende Arbeiter um 48 % mehr als Arbeiterinnen, männliche Angestellte um 61 % mehr als weibliche Angestellte, männliche Bedienstete im öffentlichen Dienst aber lediglich um 13 % mehr als ihre Kolleginnen (vgl. Rechnungshof 2002).

Zusammenfassend lässt sich damit feststellen, dass die Einkommensunterschiede sowohl beim Bund als auch in der gesamten öffentlichen Verwaltung bei Frauen geringer als in der Privatwirtschaft sind. Diese „frauenfreundliche“ Wirkung ist jedoch relativ zu sehen. Bei detaillierter Betrachtung von Qualifikations- und Berufsgruppen zeigen sich nämlich auch hier noch erhebliche Einkommensungleichheiten.

Eine vermehrte privatwirtschaftliche Aufgabenerfüllung des Staates (des Bundes), wie sie oft bei den Themen Verwaltungsreform bzw. Bundesstaatsreform diskutiert wird, birgt – wie aus den Tabellen ersichtlich ist – die Gefahr, dass eine „Verbilligung" der Leistungen auch deshalb möglich ist, weil das Lohnniveau für Frauen in der Privatwirtschaft deutlich niedriger ist. Bis dato ist aber keine österreichische Untersuchung bekannt, die diesen Gender-Aspekt bei den Reform- und Ausgliederungsvorhaben näher beleuchtet hätte.

2.1.2 Geschlechtsspezifische Beschäftigungswirkungen der Beschaffungsausgaben des Bundes

Neben den Personalausgaben lösen auch die Sachausgaben (Vorleistungen und Investitionen) des Bundes Beschäftigungswirkungen aus: Die Einkäufe des Staates fließen in bestimmte Branchen und haben dort Auswirkung auf die Beschäftigtenzahl. Hier kann eine grobe Einteilung vorgenommen werden, in welche Branchen diese Gelder fließen. Eine erste Schätzung zeigt, dass die öffentlichen Ausgaben zu 70 % Arbeitsplätze, die Männer innehaben schaffen und nur zu 30 % Frauenarbeitsplätze (siehe Tabelle 6).

Dieser Analyse müssen weitere folgen. Klar ist, dass ein Nachdenken über die Folgeeffekte der Mittelverwendung im Beschaffungswesen zu fehlen scheint. Gerade im Vergabewesen könnte der Bund bei seinen Ausschreibungen geschlechtsspezifische Gesichtspunkte berücksichtigen.

Tabelle 6: Beschäftigungswirkungen durch Beschaffungsausgaben 1995

ÖNACE-Klassifikation nach Abteilungen	**Vorleistung**	**Invest.**	**BWS**	**Beschäftigte (absolut)**	
	Mill. ATS			**Frauen**	**Männer**
01-02 Landwirtschaft	352	350	56.700	8.745	17.301
10-14 Bergbau	541	323	8.140	1.717	12.899
15-37 Sachgütererz.	9.968	10.319	444.850	186.215	444.904
40-41 Energie-/Wasserv.	3.969	0	63.570	4.611	27.050
45 Bauwesen	10.603	18.497	175.880	31.460	236.477
50-95 Dienstleistungen	30.267	2.953	1.499.690	995.811	1.005.068
Summe	55.700	32.442	2.248.830	1.228.559	1.743.699

ÖNACE-Klassifikation nach Abteilungen	**Anteile in %**		**BWS pro Abschnitt u. Besch.**	**Besch. gesamt (absolut)**	**Beschäftigungwirkg. d. Bundes (absolut)**	
	Frauen	**Männer**			**Frauen**	**Männer**
01-02 Landwirtschaft	33,6	66,4	2,18	322	108	214
10-14 Bergbau	11,7	88,3	0,56	1.551	182	1.369
15-37 Sachgütererz.	29,5	70,5	0,70	28.782	8.492	20.289
40-41 Energie-/Wasserversorgung	14,6	85,4	2,01	1.977	288	1.689
45 Bauwesen	11,7	88,3	0,66	44.331	5.205	39.126
50-95 Dienstleist.	49,8	50,2	0,75	44.322	22.058	22.264
Summe	41,3	58,7	0,76	121.285	36.334	84.951
in %				100	30	70

Anmerkungen:

Vorleistungen und Investitionen stammen aus der letztverfügbaren IO-Tabelle aus dem Jahr 1995. Die

Investitionen sind zu Anschaffungs- und die Vorleistungen zu Herstellungspreisen bewertet. Die Beschäftigten stammen vom Hauptverband der SV-Träger. Die ÖNACE stellt die Wirtschaftstätigkeiten-Klassifikation dar und zwar auf jener Klassifikationsebene, die eine Vergleichbarkeit der unterschiedlichen Datenkörper ermöglicht (Abschnitte). Sie ist mit allen EU-Mitgliedsstaaten kompatibel. Bei der Beschäftigungswirkung handelt es sich um einen "Erstrundeneffekt". Sie unterscheidet sich damit von der input-output-analytischen Vorgangsweise, die mit Beschäftigungsmultiplikatoren arbeitet. Berechnungen: AK-Wien - Russinger

2.2 Bildungsausgaben des Bundes aus Geschlechterperspektive

Der Bereich „Bildung" ist für die Analyse öffentlicher Ausgaben aus der Genderperspektive in zweierlei Hinsicht von Interesse: Zum einen legt die Ausbildung einen wichtigen Grundstein, der die spätere Erwerbstätigkeit, den Erwerbsverlauf und die damit verbundene Einkommenserzielung und den Lebensstandard beeinflusst. Zum anderen trägt ein ausgeglichenes Bildungsniveau zwischen Frauen und Männern zur Reduzierung zahlreicher an diesen Bildungsunterschieden anknüpfender Benachteiligungen bei. Ein ausgeglichenes Bildungsniveau fördert darüber hinaus die gesellschaftliche und wirtschaftliche Entwicklung eines Landes. Bildung ist daher ein wirksames Instrument der Frauenförderung. Im Folgenden konzentrieren wir uns in der Darstellung auf die Wirkungen der Ausgaben des Bundes für Schulen und Hochschulen[2].

Die folgende Illustration geschlechterspezifischer Auswirkung öffentlicher Ausgaben anhand der Bildungsausgaben des Bundes stellt den Prototyp der Übertragung des in der Schweiz entwickelten Analyserahmens auf einen Bereich der Ausgaben der öffentlichen Hand in Österreich dar. Mit Hilfe der in der BASS-Studie vorgeschlagenen Wirkungsdimensionen soll es möglich sein, ein erstes Bild zu den geschlechtsspezifischen Wirkungen der Ausgaben für Schulen, Hochschulen und Fachhochschulen zu zeichnen. Die Analyse der geschlechtsspezifischen Auswirkungen des Schulwesens basiert auf zwei Kategorien der Schweizer Studie. Zum einen werden Beschäftigungswirkungen identifiziert und zum anderen der Nutzen von Schul- und Hochschulausgaben den SchülerInnen bzw. StudentInnen zugerechnet. Überlegungen zu den Auswirkungen auf die Gratisarbeit sind in diesem Zusammenhang breiter gefasst und als soziale Folgekosten dargestellt. Abzugrenzen ist die in diesem Artikel erfolgte Anwendung von dem Anspruch, eine tiefergehende geschlechtsspezifischen Analyse des Schul- und Hochschulbereichs durchzuführen[3]. Hier könnte jedoch an den Analyserahmen angeknüpft werden und über die diskutierten Indikatoren hinaus gehend weitere Indikatoren entwickelt und deren Ausprägungen nach Geschlecht untersucht werden.

2.2.1 Geschlechtsspezifische Auswirkungen von Ausgaben für Schulen

Beschäftigung im Schulwesen → f

Mit Ausnahme der Berufschulen und der Technischen Schulen sind im Schulwesen (mit insgesamt rund zwei Drittel aller Beschäftigten) überwiegend Frauen tätig. Die höchsten Frauenanteile finden sich in den Allgemeinbildenden Schulen mit 72 % bezogen auf das Schuljahr 2000/01. Bei den berufsbildenden Schulen und Akademien lag der Anteil bei rund 45 % (siehe Tabelle 7). Nach wie vor gibt es noch überproportional viele Männer in den Leitungspositionen (Direktionen) von Schulen.

Nutzung des Schulwesens → o

Bei den SchulbesucherInnen schwankt die Belegung nach Geschlecht je nach Ausbildungszweig (siehe Tabelle 7). Im Volksschulbereich können noch keine Unterschiede ausgemacht werden. Männliche Jugendliche besuchen nach wie vor eher technische Schulen (Frauenanteil bei etwa 20 %), währenddessen weibliche Jugendliche in den AHS (54 %), in den Handelsschulen (63 %) und Handelsakademien (62 %), sowie den wirtschafts- und sozialberuflichen Schulen (über 90 %) die Mehrheit sind. Insgesamt stellen sie die Mehrheit der MaturantInnen.

Tabelle 7: Überblick über die Gender-Effekte im Schulbereich 2000/01)[4]

Schule	Beschäftigung Frauenanteil in %	Nutzung Frauenanteil in %
Volksschulen	87,4 → ff	48,4 → o
Hauptschulen	65,8 → f	47,6 → o
Sonderschulen	84,6 → ff	36,5 → m
Polytechnische Schulen	47,8 → o	34,2 → m
Allgemeinbildende Pflichtschulen gesamt	**76,5 → f**	**47,5 → o**
Allgemeinbildende höhere Schulen gesamt	**58,4 → o**	**54,2 → o**
Allgemeinbildende Schulen insgesamt	**72,7 → f**	**48,9 → o**
Berufsbildende Pflichtschulen gesamt[2]	**27,8 → m**	**33,6 → m**
Land- u. forstw. mittlere u. höhere Schulen (1999/2000)	k.A.	61,3 → f
Technische, gewerbliche und kunstgew. Schulen	18,6 → mm	23,1 → m
Kaufmännische mittlere und höhere Schulen	60,6 → f	62,4 → f
Wirtschaftsberufliche mittlere und höhere Schulen	80,5 → ff	93,8 → ff
Sozialberufliche mittlere und höhere Schulen	87,3 → ff	93,4 → ff
Berufsbildende mittlere u. höhere Schulen gesamt	**49,9 → o**	**51,2 → o**
Berufsbildende Akademien	**53,7 → o**	**79,2 → f**
Berufsbildende Schulen und Akademien insgesamt	**45,4 → o**	**43,7 → o**
Lehrerbildende höhere Schulen	78,4 → f	95,9 → ff
Lehrerbildende Akademien	43,9 → o	78,7 → f
Lehrerbildende Schulen insgesamt[3]	**55,9 → o**	**77,5 → f**
Alle Schulen	**67,1 → f**	**48,2 → o**

Leseanmerkung: Werden 2 Werte in einer Zeile angegeben, bezieht sich der erste Wert auf die mittlere und der zweite Wert auf die höhere Schulform.

1) Schulen des Gesundheitsbereichs und mit eigenem Organisationsstatut sind nicht inkludiert.-

2) Werte 1999/2000.-

3) ohne Schulen zur Ausbildung von LeibeserzieherInnen und SportlehrerInnen.
4) Symbolik: zur Klassifikation siehe Tabelle 1, wobei hier auch bei der Kategorie „Nutzung" analog zur Kategorie „Beschäftigung" eine Abstufung von ff bis mm vorgenommen wurde.
Quelle: BMBWK, ,eigene Zusammenstellung nach Bauer, Baumann 1996: 83ff

Soziale Folgekosten

Die *sozialen Folgekosten* der Kürzung von Schulausgaben liegen insbesondere im Anstieg der Lehrerinnenarbeitslosigkeit, Verlust von Leistungen wie Freifächer oder Schulwochen (z.B. Sportwochen, Zusatzlehrerinnen für Lernschwächen, Psychologinnen,...). Diese können wiederum Auswirkungen auf die Breite, der in den Schuljahren erworbenen Fähigkeiten und Fertigkeiten sowie auf das soziale Verhalten der SchülerInnen haben. Aus einem verteilungspolitischen Blickwinkel könnten diese Kürzungen von Schulausgaben Teilhabechancen an diesem Angebot insbesondere für Kinder aus einkommensschwächeren Familien verringern. Das schulische Angebot stellt für diese Familien eine relativ kostengünstige Möglichkeit dar, Freizeitaktivitäten ihren Kindern zugänglich zu machen, die außerhalb der Schule nur kosten- und zeitintensiver angeboten werden.

Auswirkungen auf Gratisarbeiten wären dann gegeben, wenn die Nachmittagsbetreuung oder der Förderunterricht von Schulen eingeschränkt oder ausgeweitet würde. Bei einer Einschränkung wären alternative Angebote zu suchen, die in einem Fall in der Verpflichtung einer privaten NachhilfelehrerIn und im anderen Fall – insbesondere in Familien, in denen diese Form der Nachhilfe nicht finanzierbar ist – innerhalb der Familie (in der Regel von Frauen) erfolgt. Nicht auszuschließen ist, dass Förderungen ganz unterbleiben, wenn innerhalb der Familie weder die Zeit noch die Qualifikationen (Sprachenförderung etc.) dafür vorhanden sind. Einschränkungen der Entwicklungsmöglichkeiten der Kinder sind in diesen Fällen zwangsläufig die Folge. Ganztagsschulen haben positive Effekte auf die Frauenbeschäftigung und stellen gleichzeitig eine Entlastung der unbezahlten Betreuungsarbeit dar.

2.2.2 Geschlechtsspezifische Auswirkungen von Ausgaben für Hochschulen und Fachhochschulen

Die Analyse der geschlechtsspezifischen Auswirkungen der Ausgaben für Hochschulen (Universitäten der Wissenschaften und der Künste) und der Fachhochschulen erfolgt wie bei den Schulen anhand des konzeptionellen Rahmens der BASS-Studie. Für den Bereich der Hochschulen und Fachhochschulen wird dabei eine Zuordnung auf den Wirkungsebenen Beschäftigung und Nutzung vorgenommen. Statt der in der BASS-Studie vorgenommenen Einschätzung der Veränderung der Gratisarbeit werden hier soziale Folgekosten von Veränderungen der Ausgaben für Hochschulen und Fachhochschulen in Ansätzen diskutiert.

Damit die geschlechtsspezifischen Auswirkungen differenzierter dargestellt werden können, erfolgt die Analyse für die Universitäten gegliedert nach Fakultäten und für die Fachhochschulen gegliedert nach den Bereichen Technik, Wirtschaft, Tourismus, Medien.

Beschäftigung im Hochschul- und Fachhochschulwesen → mm

Wissenschaftliches Personal und allgemeine Universitätsbedienstete (nicht-wissenschaftliches Personal) bilden die beiden großen Gruppen der Beschäftigten in Universitäten. Für die Analyse der geschlechtsspezifischen Beschäftigungswirkungen legen wir den Fokus auf das wissenschaftliche Personal. Für diese Personengruppe ist statistisches Material in ausreichender Qualität vorhanden, so dass eine Zuordnung der Beschäftigten nach Fakultäten möglich ist. Da Universitäten von starken Hierarchien geprägt sind, unterscheiden wir innerhalb des wissenschaftlichen Personals – und damit entlang inneruniversitärer Hierarchieebenen – zwischen AssistentInnen- und ProfessorInnenstellen.

Tabelle 8 gibt einen Überblick über die Beschäftigung und die geschlechtsspezifische Nutzung der Angebote der Universitäten und Fachhochschulen durch die Studierenden.

Tabelle 8: Überblick über Gender-Effekte im Hochschul- und Fachhochschulbereich (2000/2001)[4]

Universitäten + Fachhochschulen	Wirkungen					
	Beschäftigung Frauenanteil in %				Nutzung Frauenanteil in %	
	ProfessorInnen		AssistentInnen		Studierende	
Universitäten der Wissenschaften	**6,9**	**mm**	**26,1**	**m**	**49,5**	**o**
nach Fakultäten:						
Theologie	6,8	mm	21,3	m	37,0	m
Rechtswissenschaften	6,8	mm	44,7	o	48,2	o
Sozial- und Wirtschaftswiss.	4,7	mm	31,0	m	43,7	o
Medizin und Veterinärmedizin	7,6	mm	29,2	m	58,5	o
Geisteswissenschaften[1]	14,7	mm	37,5	m	69,6	f
Naturwissenschaften[1]	2,9	mm	18,8	mm	55,8	o
Bauingenieurwesen und Architektur[1]	5,4	mm	20,3	m	30,6	m
Maschinenbau und Elektrotechnik[1]	2,4	mm	4,4	mm	5,6	mm
Technische Naturwissenschaften[1]	2,6	mm	12,5	mm	16,6	mm
Montanwissenschaften	0,0	mm	10,1	mm	17,4	mm
Bodenkultur	9,3	mm	24,5	m	37,2	m
Universitäten der Künste[2, 3]	**18,2**	**mm**	**38,3**	**m**	**56,7**	**o**
Fachhochschulen	**17,4**	**mm**			**6,9**	**mm**
Technik	k. A.				12,1	mm
Wirtschaft	k. A.				47,6	o
Tourismus	k. A.				68,2	f
Medien	k. A.				39,3	m
Sonstiges	k. A.				1,5	mm

1) ohne Studierende in Doktoratsstudien
2) Akademie der bildenden Künste Wien (o), Universität für angewandte Kunst Wien (o), Universität für Musik und darstellende Kunst Wien (o), Universität Mozarteum Salzburg (f), Universität für Musik und darstellende Kunst Graz (o), Universität für künstlerische und industrielle Gestaltung Linz (f)
3) Daten 1998/1999
4) Symbolik: zur Klassifikation siehe Tabelle 1, wobei hier auch bei der Kategorie „Nutzung" analog zur Kategorie „Beschäftigung" eine Abstufung von ff bis mm vorgenommen wurde.
Quelle: BMBWK 2001, eigene Zusammenstellung nach Bauer, Baumann 1996: 83ff

Beschäftigung I: ProfessorInnen in Hochschulen und Fachhochschulen → mm

Wissenschaftliche Berufe werden in Universitäten und Fachhochschulen überwiegend von Männern ausgeübt. In Universitäten beträgt der Frauenanteil unter den ProfessorInnen durchschnittlich lediglich 7 %. Bei den Technischen und Naturwissenschaftlichen Fakultäten (mit Ausnahme der Bodenkultur) und auch bei den Sozial- und Wirtschaftswissenschaften ist der Frauenanteil in diesem Berufsfeld noch geringer. Einen etwas höheren Anteil an Professorinnen weisen die Geisteswissenschaften und die Bodenkultur auf. In den Universitäten der Künste liegt der Frauenanteil bei den ProfessorInnen bei 18 %. Für die Fachhochschulen belief sich der Anteil der Frauen an der Gesamtzahl der Beschäftigten auf 17 % (vgl. Tabelle 8).

Beschäftigung II: AssistentInnen in Hochschulen und Fachhochschulen → mm, (Rechtswissenschaften → o)

An den Universitäten der Wissenschaft beträgt im Bereich der AssistentInnen der Frauenanteil 25 %. Weniger Frauen unter den AssistentInnen finden sich auch hier bei den technischen und naturwissenschaftlichen Fakultäten. Die Bandbreite des festgestellten Frauenanteils reicht hier von 4,4 % (Maschinenbau und Elektrotechnik) bis 24,5 % (Bodenkultur). Weitaus höhere Frauenanteile bei den AssistentInnen verzeichnen vor allem die Rechtswissenschaften (45 %), die Geisteswissenschaften sowie die Sozial- und Wirtschaftswissenschaften (vgl. Tabelle 8).

Nutzung des Hochschul- und Fachhochschulwesens → o

Über alle Fakultäten hinweg betrachtet, ist die Teilhabe von Frauen am Lehrangebot von Universitäten etwa ebenso groß wie jene der Männer. Etwa die Hälfte aller Studierenden an den Universitäten der Wissenschaften sind Frauen. Jedoch sind auch hier starke Schwankungen des Frauenanteils je nach Fakultät zu beobachten. In den technischen Studienrichtungen reicht der Frauenanteil unter den Studierenden zwischen 6 % (Maschinenbau und Elektrotechnik) und 37 % (Bodenkultur). Überdurchschnittliche Anteile an Studentinnen weisen die Fakultäten Geisteswissenschaften (70 %) und Naturwissenschaften (56 %) auf (vgl. Tabelle 8).

Im Vergleich zu Universitäten studieren weniger Frauen an Fachhochschulen als an Universitäten. Nicht ganz ein Drittel aller an Fachhochschulen Studierenden sind Frauen. Auch hier zeigt sich in den einzelnen Fachhochschulbereichen ein unterschiedliches Bild. Der Frauenanteil ist in technischen Bereichen sehr gering und lag 1999/2000 bei 12 %, im Bereich Tourismus hingegen waren 68 % aller Studierenden Frauen (vgl. Tabelle 8).

Soziale Folgekosten

Die *sozialen Folgekosten der Kürzung der Ausgaben* für Hochschulen und Fachhochschulen sind vielschichtig. Die Verknappung der finanziellen Mittel beim Personal engt den Einstieg in die Universitätslaufbahn für Frauen weiter ein.

Kürzungen der Hochschulausgaben rufen Rationierungsmaßnahmen, wie sie in der Beschränkung des Hochschulzuganges zu finden sind, auf den Plan. Besonders finanzielle Maßnahmen, wie Studiengebühren, werden mit geschlechtsspezifischen Selektionsprozessen in Verbindung gebracht. Diese führen dazu, dass verstärkt Frauen entweder das Studium gar nicht beginnen oder ihr Studium vorzeitig abbrechen.

Die Kürzung von Bildungsausgaben wirkt sich besonders nachteilig für Frauen aus. Bildung eröffnet Lebenschancen. Höhere Bildungsabschlüsse erleichtern die bewusste Wahrnehmung alternativer gesellschaftliche Rollen und eröffnen Frauen damit Handlungsspielräume, die weit über die traditionellen Möglichkeiten hinausgehen.

Zwischenfazit: Geschlechterspezifische Wirkungen der Bildungsausgaben für den Hochschul- und Fachhochschulbereich

In den obigen Ausführungen wurden die geschlechterspezifischen Beschäftigungs- und Nutzungsmuster in Hochschulen und Fachhochschulen untersucht. Da ein Großteil der Beschäftigungsverhältnisse – insbesondere die Positionen von ProfessorInnen – Männern zugeordnet werden können, ist die Schlussfolgerung naheliegend, dass dadurch auch ein Großteil der Personalausgaben Männern zu gute kommt.

Die geschlechtsspezifische Nutzung der Angebote von Universitäten hat sich insgesamt als relativ ausgewogen dargestellt, wie wohl beträchtliche Unterschiede nach Art der Fakultät zu verzeichnen waren. Für die Überlegung, ob Frauen oder Männer von Bildungsausgaben im Hochschul- und Fachhochschulbereich der öffentlichen Hand mehr profitieren, ist zu berücksichtigen, dass die einzelnen Studienrichtungen unterschiedliche Kosten verursachen. Da der Männeranteil unter den Studierenden bei den technischen Studienrichtungen bei weitem überwog, könnten hier verstärkt Bildungsausgaben für Männer vermutet werden. Für eine exakte Berechnung der absoluten Gesamtausgaben für studierende Frauen und Männer wäre die Anzahl der Studierenden pro Fakultät zu berücksichtigen.

In der vergleichenden Gesamtbetrachtung der Beschäftigungssituation und der geschlechtsspezifischen Nutzung der Angebote an den Universitäten und Fachhochschulen zeigt sich, dass der geringe Frauenanteil in den Spitzenfeldern der beruflichen Tätigkeit an den Universitäten einem relativ ausgewogen Verhältnis von Frauen und Männern unter den Studierenden gegenübersteht. Für Frauen wird der berufliche universitäre Karriereweg nur in den seltensten Fällen (durchschnittlich 7 %) vorgelebt. Dies wird drastisch am Anteil der Frauen am wissenschaftlichen Personal an der Fakultät für Rechtswissenschaften deutlich. Hier ergibt sich folgendes Bild: Der Frauenanteil an den Professuren liegt bei 6,8 %, bei den AssistentInnen hingegen bei 44,7 %. Ähnlich stellt sich die Situation auch bei den Sozial- und Wirtschaftswissenschaften dar. Hier scheint es eine Art „gläserne Decke“ zu geben, die verhindert, dass Frauen ihren Karriereweg bis zu den Spitzenpositionen universitärer Tätigkeit fortsetzen.

2.3 Die Entwicklung der Personal- und Bildungsausgaben des Bundes

Das Vorhaben „frauenfreundliche“ Budgetbereiche zu identifizieren, ist nicht zuletzt deswegen sinnvoll, wenn es darum geht, aufzuzeigen, dass Veränderungen der Ausgaben Genderwirkungen haben können und wie verantwortungsvoll/los Regierungen bei der Umsetzung von Budgetvorhaben vorgehen. Die untersuchten Bereiche Beschäftigung und Bildung spiegeln sich im Bundesbudget als Personal- und Bildungsausgaben wieder. Ein Vergleich von Wirtschafts- und Budgetentwicklung mit den Personal- und Bildungsausgaben über 2 Perioden gibt über die Aktivitäten der jeweiligen Regierungen Aufschluss.

Wenn die Budgetausgaben der letzten Legislaturperiode (2000-2002) mit Daten der vorherigen Legislaturperiode (1996-99) verglichen werden, können über die untersuchten Bereiche folgende Aussagen getroffen werden: Beide Perioden, 1996-99 und 2000-2002 sind vom Spargedanken geprägt. In der erstgenannten Periode (Sparperiode 1) sind die Gesamtausgaben des Bundes durchschnittlich weniger gewachsen als in der zweiten Periode (Sparperiode 2). Die Ausgabenquote des Bundes sank in der Legislaturperiode 1996-99 im Verhältnis zum Wachstum des BIP von 32,8 % auf 29,1 % also um 2,7 %-Punkte, mit Ende der Legislaturperiode 2002 erreichte sie 28,6 %, das heißt sie fiel nochmals um 0,5 %-Punkte. 1996 bis 1999 sparte der Bund aber weit mehr ein, als in der nachfolgenden Periode (vgl. AK 2003, S. 202).

Diese generellen Ausgabenkürzungen können auch bei den einzelnen Bereichen beobachtet werden. Bezogen auf das Wirtschaftswachstum (BIP) entwickelten sich alle untersuchten Budgetbereiche rückläufig: Die Ausgaben für Erziehung und Unterricht fielen in Sparperiode I von 2,85 % des BIP auf 2,77 % und bis 2002 dann auf 2,60 %. Das Budget für Wissenschaft sank von 1,03 auf 0,77 % und stieg dann in der 2. Periode auf 0,91 % an. Aber es erreichte den Ausgangswert nicht mehr. Die Ausgaben für die Bundesbediensteten fielen in der ersten Periode von 4,51 % auf 4,03 % und erreichten schließlich in Periode 2 den Tiefstand mit 3,7 %. Die Ausgaben LandeslehrerInnen fielen über beide Perioden zusammen von 1,4 % auf 1,3 % und hatten bezogen auf das BIP den geringsten Rückgang hinzunehmen (vgl. BMF 2003).

Die Entwicklung einzelner Ausgabenposten kann auch mit der Entwicklung der Gesamtausgaben verglichen werden. Die Budgets stiegen in beiden Perioden in absoluten Zahlen leicht an. In der Periode I im Schnitt um 0,75 % in Periode II um 1,22 %. Ein Vergleich mit den einzelnen untersuchten Posten zeigt: In der Sparperiode 1 war das Wissenschaftsbudget rückläufig, d.h. es sank auch nominell. Die Ausgaben für Erziehung und Unterricht und für die LandeslehrerInnen lagen aber über dem durchschnittlichen Anstieg der Budgetausgaben. Für die Sparperiode 2 kehrt sich das Bild um: die Wissenschaftsausgaben stiegen stärker als die Gesamtausgaben, dafür wuchsen die Ausgaben für Erziehung und Unterricht weniger als der Durchschnitt, die Ausgaben für die LandeslehrerInnen lagen etwa im Schnitt. Die Ausgaben für Bundesbedienstete stiegen in beiden Perioden unterdurchschnittlich (vgl. BMF 2003).

Eine weitere Möglichkeit des Vergleichs, ist der Frage nachzugehen, ob einzelne Budgetposten innerhalb des Gesamtbudgets an Gewicht gewonnen bzw. verloren haben, d.h. ob einzelne Budgetausgaben im Verhältnis zu anderen Ausgaben gemessen am Gesamtbudget höhere oder niedrigere Prozentanteile ausweisen (siehe Tabelle 9). Hier bestätigt sich das Bild, dass in der ersten Sparperiode die Wissenschaftsausgaben überproportional hohen Reduktionen unterworfen waren, in der zweiten Sparperiode waren dies die Ausgaben für die Bundesbediensteten.

Tabelle 9: Veränderung der Budgetschwerpunkte

Veränderung der Ausgaben in % der Gesamtausgaben		
	1996-99	**2000-2002**
Erziehung/Unterricht	0,71	- 0,07
Wissenschaft [1)]	- 0,54	0,65
Bundesbedienstete	- 0,11	- 0,41
LandeslehrerInnen	0,39	0,00

[1)] Ausgaben für Universitäten, Hochschulische Einrichtungen und Fachhochschulen
Quelle: BMF-Homepage, Stand 4.02.03; BVA 2002: Arbeitsbehelf II; eigene Berechnungen

Um eine gültige Interpretation der untersuchten Entwicklungen vorzunehmen, müssten Strukturänderungen in den einzelnen Bereichen miteinbezogen werden. Klar ist jedoch: falls ein Bereich über mehrere Legislaturperioden hinweg Anteile verliert, kann eine Verschlechterung der Lage der betroffenen Personen angenommen werden. Für diese Bereiche sollten jedenfalls umfassendere Analysen angestellt werden.

Mittels Beobachtung von längeren Budgetzeiträumen können also Tendenzen und Schwerpunktsetzungen von Regierungen identifiziert werden. Falls „frauenfreundliche“ Bereiche längerfristig besonders von Einschränkungen betroffen sind, ist es unbedingt erforderlich, hier weitergehende Untersuchungen anzustellen.

3 Fazit

Die von BASS entwickelte Methode zur Untersuchung von Geschlechterungleichheiten öffentlicher Ausgaben hat viele Stärken. Ein Plus des Verfahrens der BASS-Studie ist die Definition der Wirkungsebenen und die Einführungen eines Klassifizierungssystems. Die Wirkungsdimensionen setzen an den zentralen Bereichen des gesellschaftlichen Lebens an und inkludieren auch Tätigkeitsfelder, die aus traditionellen Wirkungsanalysen in der Regel ausgeblendet bleiben (Gratisarbeit). Sie sind allgemein genug gehalten, um einen leitenden Rahmen für andere Ausgabenbereiche der öffentlichen Hand zu bilden. Die Methode bietet neben dem konzeptuellen Rahmen auch ein standardisiertes Quantifizierungsverfahren, das bis zu einem bestimmten Grad zeitliche und länderübergreifende Vergleiche der Ergebnisse ermöglicht. Das BASS-Schema eignet sich vor allem als Einstieg in Gender-Budget-Analysen und als Argumentationshilfe für die geschlechteranalytische Betrachtung öffentlicher Ausgaben.

Einer der großen Vorteile ist die vereinfachende Abbildung komplexer Zusammenhänge. Insbesondere die optisch leicht erfassbare Darstellung der Klassifizierung (mm, m, o, f, ff) ermöglicht eine Übersicht über die Zuordnungen auf einen Blick. Mit dem BASS-Schema kann ein erstes Bild über die geschlechtsspezifischen Asymmetrien von Budgetausgaben gezeichnet werden. Für die Betrachtung von Budgetentwicklungen erleichtert die beschriebene Klassifizierung den Überblick darüber, ob auf Kosten von Frauen gespart wurde oder ob mittels finanzieller Zuwendungen wichtige Bereiche für Frauen weiter ausgebaut wurden.

Die BASS-Methode verfolgt vorwiegend die quantitative Abbildung von Wirkungszusammenhängen. Ihre Anwendung ist dabei von der Verfügbarkeit statistischen Materials abhängig. Die Analyse der Ausgaben aus der Geschlechterperspektive stößt bei vielen Budgetkapiteln an die Grenzen, da quantitative Kenngrößen nach Geschlecht zurzeit nicht ausgewiesen werden. Für die vorliegende Analyse ist ausreichendes Datenmaterial für die Bereiche Beschäftigung, Einkommen und Bildung vorhanden. Für alle anderen Bereiche ist an der Entwicklung von Gender-Statistiken zu arbeiten.

In Analysen, die auf quantitativem Datenmaterial aufbauen, fließen nur Informationen ein, die in den Statistiken abgebildet sind. Blinde Flecken entstehen zwangsläufig, wenn quantitative Informationen nicht verfügbar sind. Darüber hinaus wird auch immer auf den Status quo zurückgegriffen, bzw. Vergangenes analysiert werden. Gewünschte Strukturveränderungen, die ja das Ziel von Engendering Budgets sind, müssen also aus den Analysen entwickelt werden. Analysen alleine, ändern die Situation noch nicht.

Die Studie bietet für Bereiche, in denen kein Datenmaterial verfügbar war, Plausibilitätsüberlegungen. Nicht enthalten sind jedoch Ansätze, die die beobachtbaren Ungleichgewichte in der Wirkung von öffentlichen Ausgaben auf die Lebenssituation von Frauen und Männern erklären bzw. analysieren können. Hier wäre in einzelnen Bereichen an der theoretischen Fundierung weiter zu arbeiten.

In einigen Bereichen der partiell-quantitativen Budgetanalyse kann lediglich auf vermutete Korrelationen, die zur Systematisierung und Quantifizierungen geschlechtsspezifischer Auswirkungen verwendet werden, Bezug genommen werden: Die Zuordnung der Budgetposten zu den oben genannten Wirkungsbereichen (Beschäftigung, Nutzung und soziale Folgekosten) ist um so stichhaltiger, je mehr auf nachgewiesene Zusammenhänge zwischen diesen Budgetposten und diesen Wirkungsbereichen zurückgegriffen werden kann. In einigen Bereichen existiert der Nachweis dieser Zusammenhänge nicht, oder ergibt widersprüchliche Aussagen. Dies macht wiederum den elementaren Forschungsbedarf in theoretischer wie auch empirischer Hinsicht deutlich. In anderen Bereichen ist dieser Zusammenhang nur schwach ausgeprägt. Für diese Bereiche ist die Klassifizierung der Ausgaben und die Zuweisung geschlechtsspezifischer Wirkungen problematisch und kann nur aufbauend auf Plausibilitätsüberlegungen vorgenommen werden.

Um ein Gesamtbild der Wirkungen öffentlicher Ausgaben auf Frauen und Männer zu zeichnen, sollte das quantitative Instrumentarium um qualitative Ansätze erweitert werden. In vielen Bereichen sind dazu Untersuchungen durchgeführt worden bzw. noch im Gange. Für den Bereich der Hochschulen kann beispielsweise auf eine Reihe von Publikationen verwiesen werden (vgl. z.B. Buchinger et al. 2002; Pellert 2000; Metz-Göckel 1997).

Eine Hauptforderung von Engendering Budgets wird mit dieser Herangehensweise erfüllt, eine andere nicht. Die entwickelte Methode erlaubt, in den öffentlichen Diskurs zum Thema Budgetpolitik einzusteigen. Auf einfache Weise kann gezeigt werden, dass Budgets eine Geschlechterdimension haben, und bestimmten Budgetausgaben kann damit auch ein „Mascherl" umgehängt werden. Das erhöht die Vergleichbarkeit und Verfolgbarkeit von finanziellen Handlungen enorm. Argumentativ kann damit sehr leicht auf bestimmte Ausgabenbereiche Bezug genommen werden und damit sichtbar gemacht werden, dass hinter einer Zahl auch immer politische Entscheidungen stehen.

Engendering Budgets soll aber keinesfalls ein technokratisches Instrument sein, bei dem sich einige spezialisierte ExpertInnen stellvertretend für alle Frauen Gedanken über das Budget machen. Bestandteil der Umsetzung von Engendering Budgets ist daher, eine möglichst breite Öffentlichkeit zu erreichen. Da es bei Engendering Budgets nicht nur um eine inhaltliche Analyse geht, sondern auch um eine prozesshafte, partizipative Budgeterstellung sind auch die Art und Weise, wie Budgets erstellt werden und wer Einfluss nehmen kann, zu untersuchen. Fragen der Prioritätensetzung in der Budgetpolitik und der Konsequenzen politischer Entscheidungen müssen auf breiter Basis diskutiert werden. Dementsprechend sind die Budgetprozesse in Richtung mehr Partizipationsmöglichkeiten und Transparenz zu öffnen und zu ändern. Transparenz und Partizipation bei der Budgeterstellung und bei der Kontrolle sind zwei Bereiche, die untrennbar mit einem demokratischen Budgetprozess verbunden sind (vgl. Angelo et al. 2003, S. 35).

Engendering Budgets hat also zwei große Stoßrichtungen. Die inhaltliche Ebene und die Prozessebene. Der Beitrag hat sich überwiegend mit der Analysemöglichkeiten und -methoden von Budgets auseinandergesetzt. Dieser ist als unser Beitrag zur Initiierung eines Engendering Budgets-Prozesses zu verstehen. Partizipative Ansätze sind gleichwichtig und notwendig. Ein transparentes Budgetwesen wäre aber die Voraussetzung damit der Prozess ins Laufen kommen kann.

Endnoten

[1] In der Schweiz werden Kindergärten und Nachmittagsbetreuung zum Bereich Bildung gezählt.

[2] Um den Bereich Bildung vollständig abzubilden und hinsichtlich der geschlechterspezifischen Wirkungen öffentlicher Ausgaben zu untersuchen, wäre es für Folgeuntersuchungen wichtig auch Weiterbildung, das Nachholen von Bildungsabschlüssen und lebensbegleitendes Lernen diesbezüglich zu analysieren.

[3] Weiterführende, spezifische Literatur zu diesem Thema liegt zu unterschiedlichen Disziplinen vor – aus dem Bereich der Erziehungswissenschaften z.B. Rendtorff 1999

Literatur

(*) weiterführende Literatur

AK (Bundeskammer für Arbeiter und Angestellte) (2003): Wirtschafts- und sozialstatistisches Taschenbuch 2003, Wien.

Angelo, Silvia; Bergmann, Nadja; Lunzer, Gertraud; Mayrhuber, Christine; Schlager, Christa (2003): Engendering Budgets – Problemaufriss für Österreich, in: Kurswechsel 1/2003, S. 26-36.

Bauer, Tobias; Baumann, Beat (BASS) (1996): An den Frauen sparen? Eine Untersuchung zur den Auswirkungen der Sparpolitik von Bund, Kantonen und Gemeinden auf die Frauen. Studie im Auftrag des Schweizerischen Verbandes des Personals öffentlicher Dienste VPOD und der Schweizerischen Konferenz der Gleichstellungsbeauftragten, Bern.

BEIGEWUM (Beirat für gesellschafts-, wirtschafts- und umweltpolitische Alternativen) (2002): Frauen Macht Budgets – Staatsfinanzen aus Geschlechtersperspektive, Wien, Mandelbaum.

BMBWK (Bundesministerium für Bildung, Wissenschaft und Kunst) (2001): Grunddaten des österreichischen Schulwesens; Schuljahr 2000/01, Wien.

BMBWK (Bundesministerium für Bildung, Wissenschaft und Kunst) (2001): Statistisches Taschenbuch 2001 – http://www.bmbwk.gv.at/.

BMF (Bundesministerium für Finanzen) (2003): Gesamtausgaben des Bundes, funktionelle Gliederung, 1993-2002, Stand 4.02.03. – http://www.bmf.gv.at.

BMF (Bundesministerium für Finanzen) (2002): Arbeitsbehelf zum Bundesfinanzgesetz für das Jahr 2002, II. Teil (Beilagen A bis W), Wien.

BMÖLS (Bundesministerium für Öffentliche Leistung und Sport) (2002): Personaljahrbuch 2001 – Daten und Fakten des Bundes, Wien. – http://www.bmols.gv.at.

Buchinger, Birgit; Gödl, Doris; Gschwandtner, Ulrike (2002): Berufskarrieren von Frauen und Männern an Österreichs Universitäten: eine sozialwissenschaftliche Studie über die Vereinbarkeit von Beruf und Privatem, 1. Auflage, (Materialien zur Förderung von Frauen in der Wissenschaft 14), Wien: Bundesministerium für Bildung, Wissenschaft und Kultur.

(*) Himmelweit, Susan (2002): „Making Visible the Hidden Economy: The Case for Gender-Impact Analysis of Economic Policy“, In: Feminist Economics, Vol. 8, No. 1.

(*) Krondorfer, Birge (1997): 100 Jahre Frauen an der Uni: ein zwiespältiges Jubiläum; eine Veranstaltung des Senatsarbeitskreises Wissenschaft und Verantwortlichkeit an der Universität Innsbruck, am 5. November 1997.

Metz-Göckel, Sigrid (1997): Geschlecht in der Hochschulforschung und im Hochschulalltag. Unerwünschte und gewollte Unterschiede. In: Metz-Göckel, Sigrid; Steck, Felicitas (Hrsg.): Frauen-Universitäten. Initiativen und Reformprojekte im internationalen Vergleich, Opladen.

(*) Pellert, Ada (Hrsg.) (2000): Frauen und Universität. Dokumentation des gleichnamigen Symposiums vom 30.9. und 1.10.1999 in Wien, (Information: Sondernummer / Interuniversitäre Koordinationsstelle für Frauenforschung und Frauenstudien Graz; 2000,1), Graz.

Rechnungshof (2002): Bericht gemäß Art 1 § 8 Bezügebregenzungsgesetz, BGBl I Nr 64/1997 für die Jahre 2000 und 2001, Wien.

Rendtorff, Barbara (Hrsg.) (1999): Geschlecht und Geschlechterverhältnisse in der Erziehungswissenschaft: eine Einführung. Opladen: Leske + Budrich.

(*) Sharp, Rhonda; Broomhill, Ray (2002): „Budgeting for Equality: The Australian Experience", In: Feminist Economics, Vol. 8, No. 1.

„Förder-Mittel-Politik“ Zur aktuellen Budgetsituation von Frauenorganisationen in Österreich

Sabine Wagner

1 Einleitung

Traditionelle Staatsbudgets sind auf dem „Gender-Auge“ blind, d.h. sie ignorieren die geschlechtsspezifischen Wirkungen, die sie hervorrufen oder stärken. Sowohl die Gestaltung der Einnahmenseite – über Steuern, Abgaben, etc. – als auch die über die Ausgabenseite stattfindende Verteilung der öffentlichen Mittel bleiben in diesem Punkt unreflektiert und stützen damit bestehende gesellschaftliche Machtverhältnisse. Es gibt aber auch in traditionellen Staatsbudgets vereinzelt explizit geschlechtsspezifische Ansätze. So ist die „Förderung von Frauenorganisationen sowie von frauenspezifischen Projekten“ ein ausgabenseitiger Budgetansatz, der per definitionem ausschließlich Frauen zugute kommt. Es handelt sich damit um fast den einzigen bewusst nach Gender-Aspekten definierten Budget-Teil herkömmlicher staatlicher Haushalte[1]. Die Höhe der dafür budgetierten Mittel, aber auch die Bedingungen, unter denen sie vergeben werden sowie weitere Aspekte dieses frauenspezifischen Budget-Teils sagen viel darüber aus, welchen Stellenwert Frauenpolitik und Geschlechtergleichstellung hat: „The budget reflects the values of a country – who it values, whose work it values and who it rewards... and who and what and whose work it doesn`t.“ (Govender 1996, S. 7).

Im Folgenden möchte ich in einem ersten Schritt vergleichen, ob und wie sich in den letzten Jahren österreichische Regierungen (konkret die Regierung Klima 1996-1999 sowie die Regierung Schüssel 2000-2002) in ihren Budgetprogrammen grundsätzlich zur Bedeutung von Geschlechtergleichstellung/Frauenförderung mittels Budgetpolitik positioniert haben. Im Weiteren möchte ich den genannten Budgetansatz „Förderung von Frauenorganisationen und frauenspezifischen Projekten" am Beispiel der Budgets von 4 Ministerien näher untersuchen: hinsichtlich seines Ausmaßes, seines Verhältnisses zu den Gesamtausgaben und seiner Entwicklung über mehrere Jahre. Auch die gesetzlichen Grundlagen und die Bedingungen der Vergabe der Förderungen an Frauenorganisationen und -projekte werden dargestellt. Schließlich werde ich – aus der gegenüberliegenden Perspektive – aufzeigen, wie die Situation von Frauenorganisationen in Österreich aussieht und sich entwickelt hat, welche Leistungen von ihnen erbracht werden und unter welchen Bedingungen sie arbeiten. Davon ausgehend werden Schlussfolgerungen gezogen und Überlegungen für eine Förderpolitik aus feministischer Sicht angestellt.

2 Die Budgetprogramme der Regierungen Klima (1996-1999) und Schüssel (2000-2002)

Gemäß § 12 des Bundeshaushaltsgesetzes, das auf verfassungsrechtlichen Bestimmungen basiert, hat jede Regierung dem Nationalrat nach ihrem Antritt ein Budgetprogramm vorzulegen: „§ 12. (1) Die Bundesregierung hat spätestens sechs Monate nach ihrer Ernennung durch den Bundespräsidenten dem Nationalrat ein Budgetprogramm zur Kenntnis zu bringen." In diesem Budgetprogramm kann jede Regierung innerhalb der gesetzlich festgelegten Rahmenbedingungen (wie etwa der Einhaltung der Grundsätze der Sparsamkeit, Wirtschaftlichkeit und Zweckmäßigkeit) eigene budgetpolitische Ziele und Schwerpunktsetzungen für eine gesamte Legislaturperiode festlegen. Im Folgenden habe ich die Budgetprogramme der genannten Regierungen verglichen, um herauszufinden, ob Geschlechtergleichstellung und Frauenförderung darin Erwähnung finden und wenn ja, in welcher Weise.

Tabelle 1: Vergleich der Budgetprogramme der Regierungen Klima (1996-1999) & Schüssel (2000-2002)

	Budgetprogramm d. Bundesregierung 1996 – 2000 (SPÖ/ÖVP)	Budgetprogramm d. Bundesregierung 2000 – 2002 (FPÖ/ÖVP)
Hauptziel/e im Budgetprogramm	**„Budgetkonsolidierung“**	**„Defizitrückführung“**
Ausdrücklich genderspezifische Ziele in der Budgetpolitik	nein	nein
Wichtige genannte Maßnahmenbereiche	Verwaltungsreform, Pensionen, Sozialausgaben, öffentliche Abgaben, Ausgliederungen, EU-Strukturfonds	Verwaltungsreform, Pensionen, Treffsicherheit der Sozialleistungen, Ausgliederungen, Familienförderung
Ausdrückliche Nennung geschlechtsspezifischer Maßnahmen	„Schwerpunkte (der aktiven Arbeitsmarktsförderung) werden die Integration Jugendlicher in den Arbeitsmarkt (..) sowie die Wiedereingliederung von behinderten Menschen, Langzeitarbeitslosen, Frauen und älteren Arbeitnehmern sein.“	nein
Aussagen zur geplanten Förderpolitik	Unter „Förderungsausgaben“: „Ziel ist, die Förderungsausgaben bis um Jahr 2000 generell zurückzunehmen“. Einziger genannter Schwerpunkt: aktive Arbeitsmarktförderung.	Im Punkt „Förderungen“ wird ein Schwerpunkt genannt: „Priorität soll in den nächsten Jahren den Bereichen Forschung, Entwicklung und Innovation zukommen.“ Zusätzlich gibt es zwei eigene Punkte: 7. Mehr Mittel für die Familien 8. Mehr Mittel für Forschung, Technologie und Innovation

	Budgetprogramm d. Bundesregierung 1996 – 2000 (SPÖ/ÖVP)	Budgetprogramm d. Bundesregierung 2000 – 2002 (FPÖ/ÖVP)
Hauptziel/e im Budgetprogramm	**„Budgetkonsolidierung“**	**„Defizitrückführung“**
Aussagen zur Verteilungswirkung des Budgetprogramms	„Die Bundesregierung hat sich zum Ziel gesetzt, die Budgetkonsolidierung nach folgenden Grundsätzen zu gestalten:“ Hier kommt als 3. von 7 Grundsätzen: „Bei den Maßnahmen der ausgaben- und einnahmenseitigen Budgetsanierung ist auf Verteilungsgerechtigkeit besonderer Wert zu legen“.	Eigener Punkt: „Verteilungswirkungen des Programms Die Verteilungswirkungen des Budgetprogramms sind so gestaltet, dass den Grundsätzen sozialer Gerechtigkeit bestmöglich Rechnung getragen wird.“

Quellen: BMF (1996, 2000)

Wie Tabelle 1 zeigt, werden Geschlechtergleichstellung und Frauenförderung in beiden Programmen nicht erwähnt, insbesondere nicht bei der Aufzählung der wichtigen Maßnahmen. Es kann daraus geschlossen werden, dass diese Themen seitens der genannten Regierungen keinen hohen Stellenwert haben. Im Programm Klima werden Frauen bei der Arbeitsmarktförderung, die generell ein Schwerpunkt sein soll, neben drei anderen Zielgruppen ausdrücklich genannt. Im Programm Schüssel finden sich ausschließlich die Förderungsschwerpunkte „Forschung und Entwicklung“ sowie „Familien“. Beide Programme erwähnen zwar „Verteilungsgerechtigkeit“ bzw. „soziale Gerechtigkeit“ als Prinzipien, dies klingt jedoch sehr vage und ist dem vorrangigen Ziel „Budgetsanierung“ völlig untergeordnet.

3 Speziell ausgewiesene geschlechtsspezifische Budgetansätze im österreichischen Staatshaushalt

3.1 Modell von Rhonda Sharp zur Kategorisierung der Verwendung öffentlicher Mittel

Ausgangspunkt für die folgende Untersuchung ist das sog. „australische Modell“, das die Ökonomin Rhonda Sharp (vgl. Sharp 1995) entwickelt hat. Zur Analyse der geschlechtsspezifischen Wirkungen der Ausgabenseite des Budgets schlug sie folgende Kategorisierung öffentlicher Ausgaben vor:

1. Speziell ausgewiesene geschlechtsspezifische Ausgaben

2. Ausgaben zur Erreichung von Chancengleichheit für Frauen auf dem Arbeitsmarkt

3. Allgemeine (Mainstream) Ausgaben.

Üblicherweise machen die ersten beiden Kategorien nicht mehr als ca. 1-2 % der Ausgabenseite staatlicher Budgets aus.

Während Rhonda Sharp in weiterer Folge ihr Hauptaugenmerk auf die geschlechtsspezifische Analyse der (bisher geschlechtsblind verteilten) Mainstream-Ausgaben legt, werden im Folgenden ausschließlich Teile des österreichischen Budgets analysiert, die in die Kategorie 1 (und zu einem geringen Teil in Kategorie 2) fallen. Es geht also nicht um die Analyse eines bisher geschlechtsblind verteilten Budgets im Sinne der klassischen „Gender Budgets“ (Sharp 1999), sondern um die **Analyse von bereits bisher bewusst an Frauen verteilten öffentlichen Mitteln**.

Dazu wird für vier österreichische Ministerien untersucht, wie sich das Ausmaß der Förderungen für Frauenorganisationen und -projekte im Verhältnis zum jeweiligen ausgabenseitigen Gesamtbudget eines Ressorts (inklusive Personalausgaben) darstellt und wie sich die Frauenförderbudgets in den letzten Jahren entwickelt haben.

3.2 Ministerium für soziale Sicherheit und Generationen (BMSG)

Den „klassischen" speziell ausgewiesenen Budgetansatz für die Förderung von Frauenorganisationen und -projekten gibt es im Ministerium für soziale Sicherheit und Generationen, in das ja die Ressourcen des früheren Frauenministeriums durch die FPÖ/ÖVP-Regierung im Jahr 2000 „transferiert" wurden. Gefördert werden aus dem Budget des Sozialministeriums primär Einrichtungen und Projekte gegen Gewalt an Frauen und Kindern (und hier vorrangig die Interventionsstellen gegen Gewalt) sowie Einrichtungen zur Information, Beratung und Betreuung von Frauen und Mädchen. Die restlichen Fördermittel fließen in Projekte im Bereich Chancengleichheit und Bildung. Bis auf die Förderung von Gewaltpräventionsprojekten handelt es sich um Ermessensausgaben; entschieden wird, „indem die für das jeweilige Projekt vorgelegten Informationen mit den Förderschwerpunkten und den vorhandenen budgetären Ressourcen in Relation gebracht werden" (BMSG 2002).

Tabelle 2: Ausgaben des BMSG (vor 1999 Frauenministerium), in Mio. Euro (in Klammer in Mio. ATS)

Jahr	Gesamtausgaben BMSG	Gesamtfrauenbudget	Budget für Frauenprojekte in % der Gesamtausgaben
1998		4,5 (61,87)	
1999		6,64 (91,35)	
2000	12.769 (175.701)	5,03 (69,23)	0,04 %
2001	11.913 (163.922)	4,86 (66,92)	0,04 %
2002	12.421 (170.912)	4,96 (68,18)	0,04 %

Quellen: BMF 2001,BMSG Anfragebeantwortung 3678/AB

3.3 Ministerium für Wirtschaft und Arbeit (BMWA)

Auch im Wirtschaftsministerium gibt es Budgetteile, die speziell für die Förderung frauenspezifischer Projekte vergeben werden. Laut Anfragebeantwortung des Wirtschaftsministers gibt es in seinem Ministerium ausschließlich im Bereich Arbeitsmarktpolitik frauenspezifische Förderungsmittel (BMWA, 2002). Diese Mittel vergibt die Frauengrundsatzabteilung des Ministeriums an arbeitsmarktpolitische Grundsatzprojekte zur Verbesserung der Chancen von Frauen auf dem Arbeitsmarkt. Die Förderungen sind Ermessensausgaben, die Grundsatzabteilung hat hierfür eigene Kriterien entwickelt – besonderes Augenmerk wird auf den Arbeitsmarktbezug der Projekte sowie ein innovatives Konzept zur Verbesserung des chancengleichen Zuganges von Frauen zum Arbeitsmarkt gelegt. Die Frauengrundsatzabteilung fördert zumeist eine Vielzahl von Projekten mit kleineren Beträgen. Weitere arbeitsmarktpolitische Frauenfördermaßnahmen finden über das Arbeitsmarktservice statt (hier nicht näher untersucht).

Tabelle 3: Ausgaben des BMWA, Angaben in Mio. Euro (in Klammer in Mio. ATS)

Jahr	Gesamtausgaben BMWA	Mittel für frauen spezifische Projekte	Budget für Frauenprojekte in % der Gesamtausgaben
2000	3.991 (54.916,16)	0,25 (3,74)	0,006 %
2001	4.625 (63.640)	0,28 (3,79)	0,006 %
2002	4.372 (60.158,72)	voraussichtlich 0,3 (4,13)	0,007 %

Quellen: BMF 2001, BMWA Anfragebeantwortung 3679/AB

3.4 Ministerium für Bildung, Wissenschaft und Kultur (BMBWK)

Gefördert werden wissenschaftliche Veranstaltungen und Druckschriften mit frauen-/genderspezifischen Inhalten und wissenschaftliche Bibliothekseinrichtungen mit frauenspezifischer Ausrichtung. Weiters gibt es Maßnahmen zur Förderung der Gleichstellung/Chancengleichheit im Schulbereich und in der Erwachsenenbildung sowie Maßnahmen zur Erweitung des Berufsspektrums von Mädchen/jungen Frauen.

Es wird betont, dass von Seiten des Bildungsministeriums „jeweils konkrete Vorhaben und nicht Vereine generell unterstützt werden“ (BMBWK, 2002).

Tabelle 4: Ausgaben des BMBWK, Angaben in Mio. Euro (in Klammer in Mio. ATS)

	Gesamtausgaben BMBWK	Mittel für frauen-spezifische Projekte	Budget für Frauenprojekte in % der Gesamtausgaben
1999	7.504 (103.257,29)	Veranstaltungen, Bibliotheken, Druckschriften 0,074 (1,02) sonst. Förderungen 0,09 (1,26) Gesamt 0,17 (2,28)	0,002 %
2000	7.777 (107.013,85)	Veranstaltungen, Bibliotheken, Druckschriften 0,67 (9,24) sonst. Förderungen 0,062 (0,85) Gesamt 0,73 (10,09)	0,01 %
2001	7.921 (108.995,34)	Veranstaltungen, Bibliotheken, Druckschriften 0,67 (9,26) sonst. Förderungen 0,08 (1,15) Gesamt 0,76	0,01 %
2002	7.998 (110.054,88)	Noch nicht fix	

Quellen: BMF 2001, BMI Anfragebeantwortung 3673/AB

3.5 Innenministerium (BMI)

Förderung frauenspezifischer Projekte aus dem BMI erfolgen vor allem im Rahmen der Gewaltprävention. Dafür gibt es spezielle Richtlinien, die auf § 25 Abs. 2 Sicherheitspolizeigesetz beruhen (siehe dazu unten bei „rechtliche Rahmenbedingungen“). Aber auch andere Anträge können im BMI eingereicht werden, die dann nach Ermessen des Ministers gefördert werden. Kriterien dabei sind Förderungsschwerpunkte des BMI und die „zur Verfügung stehenden budgetären Ressourcen“ (BMI 2002). Das

BMI fördert schwerpunktmäßig die Interventionsstellen gegen Gewalt, die in den letzten Jahren österreichweit ausgebaut wurden. Andere geförderte Projekte sind z.B. frauenspezifische Projekte im Bereich der Flüchtlingsbetreuung oder der Integration von Asylwerberinnen und Migrantinnen.

Tabelle 5: Ausgaben des BMI, Angaben in Mio. Euro (in Klammer in Mio. ATS)

	Gesamtausgaben BMI	Mittel für frauenspezifische Projekte	Budget für Frauenprojekte in % der Gesamtausgaben
1998	1.626 (22.373,88)	Gewaltprävention 0,68 (9,35) Sonstiges 0,08 (1,05) Gesamt 0,76 (10,4)	0,05 %
1999	1.717 (23.626,44)	Gewaltprävention 1,05 (14,5) Sonstiges 0,08 (1,08) Gesamt 1,13 (15,57)	0,07 %
2000	1.669 (22.965,94)	Gewaltprävention 1,44 (19,86) Sonstiges 0,07 (0,91) Gesamt 1,51 (20,77)	0,09 %
2001	1.652 (22.732,02)	Gewaltprävention nicht nachvollziehbar Sonstiges 0,07 (0,91)	
2002	1.645 (22.635,69)	bisher bewilligte frauenspezifische Projekte im Ausmaß von 0,24 (3,33) bisher abgelehnte frauenspezifische Projekte im Ausmaß von 0,09 (1,24)	

Quellen: BMI 2001, Anfragebeantwortung 3672/AB

4 Rechtliche Rahmenbedingungen für frauenspezifische Förderungen

Anders als in anderen Bereichen der Förderpolitik, wie etwa Jugendförderung oder Familienberatung, gibt es für die Förderung von Frauenorganisationen bzw. -beratung keine allgemeine gesetzliche Grundlage. Mit solchen Fördergesetzen bringt der Bund zum Ausdruck, dass er die Förderung bestimmter Gruppen für wichtig hält, auch wenn kein Rechtsanspruch auf Förderung besteht. Außerdem ist damit eine Grundlage für den Abschluss mehrjähriger Förderverträge und damit einer Basisabsicherung für Organisationen und Beratungsstellen gegeben. Vom „Netzwerk der Frauen- und Mädchenberatungsstellen“, einer Koordinationszentrale der österreichischen Frauenberatungsstellen, wurde lange auf den Beschluss eines „Frauenberatungsfinanzierungsgesetzes“ hingearbeitet und 1996 ein Entwurf erarbeitet.

Unter Frauenministerin Prammer (SPÖ-ÖVP) scheiterte die Initiative, dieses Gesetz zu beschließen, weil die Ministerin, obwohl sie meinte, dass ein solches Gesetz wichtig sei, die Beschlussfassung verzögerte. Seit Bildung der ÖVP/FPÖ-Regierung wurden keine ernsthaften Initiativen mehr zur Erlassung eines Frauenberatungsfinanzierungsgesetzes ergriffen.

Eine Sonderstellung nehmen die Interventionsstellen gegen Gewalt ein, da diese im § 25/3 Sicherheitspolizeigesetz verankert wurden (im Zuge des 1997 in Kraft getretenen Gewaltschutzgesetzes): „Der Bundesminister für Inneres ist ermächtigt, bewährte geeignete Opferschutzeinrichtungen vertraglich damit zu beauftragen, Menschen, die von Gewalt bedroht sind, zum Zwecke ihrer Beratung und immateriellen Unterstützung anzusprechen (Interventionsstellen).“ Die Interventionsstellen, die in den letzten Jahren österreichweit ausgebaut wurden, können sich damit auf ein Gesetz berufen. Für sie gibt es seit dem Jahr 2000 mehrjährige Förderverträge, die Förderungen kommen zu 50 % aus dem Innenministerium und zu 50 % aus dem Sozialministerium.

Die Förderung aller anderen Frauenorganisationen erfolgt, soweit keine speziellen Richtlinien vorliegen, nach den „Allgemeinen Rahmenrichtlinien für die Gewährung von Förderungen aus Bundesmitteln", einem Regierungserlass. Das Problem dabei ist, dass auf Grund der Einjährigkeit des Budgets immer nur Zusagen für ein Jahr gegeben werden. Zumindest die Frauenserviceeinrichtungen hatten unter Ministerin Prammer 3jährige Förderverträge mit der Ministerin, die etwas mehr finanzielle Sicherheit garantierten. Die Verlängerung dieser Dreijahres-Verträge steht noch heuer an, ist aber derzeit unklar. Alle anderen Frauenorganisationen bekommen im Regelfall immer nur einjährige Förderzusagen.

Wie aus den Analysen der einzelnen Ministerien zu erkennen ist, haben diese jeweils für ihren Bereich spezielle Richtlinien für die Förderung von Frauenprojekten erlassen (Wirtschaftsministerium, Bildungsministerium) – nur das Sozialministerium, das ja die größten Budgetmittel für Frauenorganisationen zu vergeben hat, hat bisher keine solchen Kriterien beschlossen. Es kam zwar unter Minister Haupt (ÖVP/FPÖ) zur Erlassung eines Entwurfes für „Kriterien zur Vergabe von Förderungen von Frauenprojekten", dieser wurde von den Frauenorganisationen jedoch heftig kritisiert und ist bisher nicht in Kraft getreten.

In der Stellungnahme des „Netzwerks österreichischer Frauen- und Mädchenberatungsstellen" zu diesem Kriterienentwurf heißt es: „Frauen/Mädcheneinrichtungen leisten wichtige gesellschaftliche Arbeit, die Anerkennung dieser Arbeit sollte endlich gebührend honoriert und nicht erneut geschmälert werden (...). Die Tendenz dieser Förderkriterien geht in die entgegengesetzt Richtung: Einschränkung der förderbaren Aktivitäten, ein hoher Verwaltungsaufwand u. a. durch verstärkte Kontrolle – gleichzeitig sollen keine Verwaltungskosten bezahlt werden (...). Was hier vorgeschlagen wird, geht in Richtung Projektfinanzierung und nicht in Richtung Festigung der Existenz von Frauen/Mädcheneinrichtungen!" (Netzwerk 2001, S. 1).

5 Frauenorganisationen in Österreich

Zunächst ist zu unterscheiden: einerseits gibt es Frauen- und Mädchenberatungsstellen bzw. Frauenservicestellen. Das sind Einrichtungen, die primär Servicecharakter haben und deren Hauptarbeit im Bereich der Beratungstätigkeit (und zwar in einem breiten Themenspektrum – familienrechtlich, arbeitsmarktpolitisch, juristisch, psychologisch, etc.) liegt. Weiters gibt es Einrichtungen, die speziell darauf ausgerichtet sind, Opfer von Gewalt zu betreuen bzw. in der Gewaltpräventionsarbeit tätig zu sein. Schließlich gibt es Frauenorganisationen mit Tätigkeitsschwerpunkten in anderen Bereichen – diese führen Frauenprojekte z.B. im Kultur-, Medien- oder im politischen Bereich durch.

Alle Frauenorganisationen haben ihren Ursprung in der autonomen Frauenbewegung und wurden/werden durch politisch und sozial engagierte Frauen gegründet und getragen. Sie bilden damit die Basis für die österreichische Frauenbewegung und haben größten Anteil an Entstehung und Weiterentwicklung von Frauenpolitik in Österreich und auch am Weiterbestehen eines öffentlichen kritisch-feministischen Potenzials.

Die Frauenservicestellen etwa beschreiben ihre Ziele folgendermaßen: „Die von Frauen- und Mädchenberatungsstellen entwickelte Form ganzheitlicher Beratungs-, Bildungs- und Informationsangebote soll ein Gegengewicht zur gesellschaftlichen Benachteiligung von Frauen, den Nachteilen weiblicher Sozialisation und Mehrfachbelastung und den vielfachen Formen von Gewalt gegen Frauen (..) setzen. Frauen- und Mädchenberatungsstellen erfüllen damit eine gesellschaftlich notwendige öffentliche Ausgabe in Richtung Chancengleichheit und Gleichbehandlung der Geschlechter" (Netzwerk 1999, S. 19).

Andere Frauenorganisationen hatten und haben andere Ziele: Von der Herausgabe feministischer Zeitschriften über die Stärkung von Frauen im Kulturbereich oder im juristischen Bereich bis zur Durchführung des Frauenvolksbegehrens reicht hier das Spektrum.

Finanzierungsbasis der Frauenorganisationen waren immer öffentliche Mittel – die Daten und die rechtlichen Rahmenbedingungen zeigen aber, dass die Finanzlage der Frauenorganisationen bereits seit Jahren prekär und unsicher ist. Diese Situation hat sich unter der Regierung Schüssel weiter verschärft, vor allem, weil die Unsicherheiten betreffend die finanzielle Absicherung (besonders direkt nach dem Regierungswechsel) gestiegen sind – da die Frauenorganisationen finanziell gesehen sowieso am Limit arbeiten, bedroht das ihre Existenz massiv. Hintergrund dieser Probleme ist auch, dass Frauenorganisationen – insbesondere jene, die nicht herkömmlichen Familienidealen entsprechende Lebensformen leben und vertreten – ideologisch einen Gegenpart zur derzeitigen Regierung bilden.

Und: obwohl sich die Gesamtförderbeträge nicht wesentlich verändert haben, hat die ÖVP/FPÖ-Regierung tatsächlich einigen – eindeutig politisch missliebigen – Frauenorganisationen die Förderungen gekürzt oder gestrichen. Am stärksten davon betroffen waren das Unabhängige Frauen Forum UFF (Kürzung bereits im Jahr 2000 von ATS 500.000 auf ATS 100.000), weiters CheckArt, ein Verein, der die Zeitschrift an.schläge herausgibt (Kürzung ab dem Jahr 2001 von ATS 300.000 auf Null) sowie AUF-Aktion Unabhängiger Frauen, ein Kulturverein, der ebenfalls eine Frauenzeitschrift herausgibt (Kürzung von ca. ATS 650.000 auf Null). Auffallend ist, dass diese drei Frauenorganisationen nicht nur sehr kritisch gegenüber der Regierung eingestellt sind, sondern auch solche sind, die besonders in der Öffentlichkeit stehen – weil sie Publikationen herausgeben, sich politisch zu Wort melden, etc. Aber auch andere Frauenorganisationen mussten Kürzungen hinnehmen oder zumindest immer wieder sehr lange um weitere Förderungen „zittern". Klar ist, dass durch solche Vorgangsweisen auf Frauenorganisationen ein großer Anpassungsdruck ausgeübt und bestehende frauenspezifische Infrastruktur zerstört wird.

6 Gesamteinschätzung und Schlussfolgerungen

Wie man den Budgetzahlen entnehmen kann, haben sich in den untersuchten Ministerien die Gesamtmittel zur Förderung von Frauenorganisationen bzw. frauenspezifischen Projekten in den vergangenen Jahren nicht wesentlich geändert. Auffallend ist aber, dass es sich generell um geringe bis äußerst marginale Beträge handelt; auch eine gesetzliche Verankerung der Förderung von Frauenorganisationen kaum vorhanden. Obwohl die Gleichstellung der Geschlechter als Staatsziel in der österreichischen Bundesverfassung verankert ist und alle Frauenorganisationen diese Gleichstellung bzw. die Förderung von Frauen und Frauenrechten zum Ziel haben – also dazu beitragen, dass dieses Ziel realisiert wird – zeigt sich, dass die Budgetrealität anders aussieht. Wobei sich die Lage für Frauenorganisationen unter den politischen Rahmenbedingungen seit dem Jahr 2000 verschlechtert hat, trotzdem aber konstatiert werden muss, dass auch die früheren Frauenministerinnen nicht ausreichend für eine Basisabsicherung der Frauenorganisationen gesorgt haben.

Weiters ist auffallend, dass politische Verantwortung zur generellen Förderung von Frauenorganisationen (mit allen von diesen vertretenen Inhalten und Aktivitäten) auf Ebene der MinisterInnen kaum gesehen wird. Finden sich im Bereich Gewaltbekämpfung noch eindeutige Bekenntnisse zur Schwerpunktsetzung, herrscht ansonsten die Einstellung vor „Wenn noch was da ist, können wir fördern – sonst nicht“. Dies führt direkt zu einer der vorrangigen Forderungen feministischer Budgetkritik, nämlich jener, dass auf Ebene der Politik inhaltlich-politische Vorgaben zu machen sind, denen die entsprechenden Budgets anzupassen sind, und nicht umgekehrt: “A gender-sensitive analysis of the budget begins with the assumption that budgets must follow policy. If budgets follow policy then a gender-aware policy appraisal offers a means of identifying policy gaps and limitations as well as the adequacy of the allied resource allocations. Thus, a gender-aware policy appraisal makes a direct and strong link between policy and resource allocation” (Budlender, Sharp 2000, S. 38).

Die naheliegendsten Forderungen auf Grund der Analyseergebnisse aus feministischer Sicht sind natürlich die nach mehr Geld für die Förderung von Frauenorganisationen, nach Basisabsicherung und Mehrjährigkeit der Finanzzusagen. Diese Forderung sollte aber – gemäß dem soeben genannten Prinzip - verbunden werden mit der (vorrangigen) nach einer politischen Aufwertung und stärkeren politischen Verantwortlichkeit des Staates im Bereich Frauenpolitik und Gleichstellung der Geschlechter. Damit einhergehen muss sicherlich auch eine Demokratisierung und verstärkte Transparenz des Budgetprozesses selbst, d.h. etwa eine Miteinbeziehung von NGOs in die Diskussion und die Erstellung staatlicher Budgets. So sehr feministische Kritik am „männlichen Staat“ notwendig ist, sollte hier meines Erachtens Politikverantwortung – bei gleichzeitiger Erweiterung von Partizipationsrechten - eingefordert werden: denn dieses Geld bedeutet Handlungsspielräume, menschenwürdiges Einkommen, ja, zum Teil ein Weiterexistieren und Überleben der Arbeit von und für Frauen.

Insgesamt also ein Plädoyer für den „Gang in und durch die Institutionen“ und – unter Nutzung aktueller Debatten über Staatsaufgaben – die lautstarke Forderung nach mehr politischer Verantwortung in Sachen Geschlechtergleichstellung und MEHR GELD für Frauenorganisationen an die Politik!

Endnoten

[1] neben kleinen Teilen der Personalbudgets der Ministerien (frauenpolitische Sektionen/Abteilungen, Gleichbehandlungsanwaltschaften, etc.), die hier nicht näher betrachtet werden

Literatur

(*) weiterführende Literatur

(*) BEIGEWUM (2002): Frauen macht Budgets. Staatsfinanzen aus Geschlechterperspektive, Wien.

(*) Blumberger, Walter, Milanovich, Marlis, Thonabauer, Claudia (1999): Strukturanalyse der Frauenservicestellen in Österreich. Endbericht im Auftrag der Bundesministerin für Frauenangelegenheiten und Verbraucherschutz, Linz.

BMBWK (2002): Anfragebeantwortung 3673/AB, XXI. GP-NR, der Bundesministerin für Bildung, Wissenschaft und Kultur vom 24.5.2002.

BMF - Bundesministerium für Finanzen (1996): Budgetprogramm der Bundesregierung für die Jahre 1996-2000, Wien.

BMF - Bundesministerium für Finanzen (2000): Budgetprogramm 2000 – 2003, Programm der Bundesregierung gemäß § 12 BHG, Wien.

BMF - Bundesministerium für Finanzen (2001): Countdown zum Nulldefizit. Leistungsbericht 2000 – 2002, Wien.

BMI (2002): Anfragebeantwortung 3672/AB, XXI. GP-NR, des Bundesministers für Inneres vom 24.5.2002.

BMSG - Anfragebeantwortung 3678/AB, XXI. GP-NR, des Bundesministers für soziale Sicherheit und Generationen vom 27.5.2002.

BMWA (2002): Anfragebeantwortung 3679/AB, XXI. GP-NR, des Bundesministers für Wirtschaft und Arbeit vom 28.5.2002.

Budlender, Debbie; Sharp, Rhonda (2000): How to do a gender-sensitive budget analysis: Contemporary research and practice. London.

Bundesgesetz über Änderungen des allgemeinen bürgerlichen Gesetzbuchs, der Exekutionsordnung und des Sicherheitspolizeigesetzes (Bundesgesetz zum Schutz vor Gewalt in der Familie – GeSchG), BGBl. Nr. 759/1996.

Bundesgesetz über die Führung des Bundeshaushaltes – BHG, BGBl. Nr. 213/1986.

Govender, Pregs (1996): Foreword. In: Budlender, Debbie (Hrsg.): The Women´s Budget. Cape Town.

(*) Lowe Morna, Colleen (2000): Gender Budgeting: Myths and Realities. Workshop-Paper, Bonn.

Netzwerk österreichischer Frauen- und Mädchenberatungsstellen (1999): Frauenberatungsstellen, Mädchenberatungsstellen in Österreich. Wien, Innsbruck.

Netzwerk österreichischer Frauen- und Mädchenberatungsstellen (2001): Stellungnahme zum Entwurf „Kriterien zur Vergabe von Förderungen von Frauenprojekten (Frauen/Mädcheneinrichtungen)“. Wien.

(*) Schlager, Christa (1999): Mehr Knödel! Über den unterlassenen Versuch der Bundesregierung, aus der Steuerreform eine FRAUEN-gerechte Reform zu machen. Wien.

Sharp, Rhonda (1995): A Framework for Gathering Budget Information from Government Departments and Authorities. Australia.

Sharp, Rhonda (1999): Women´s budgets. In: Lewis, Meg, Peterson, Janice (Hrsg.): Dictionary of Feminist Economics. New York.

Autorinnen und Herausgeberinnen

Dr.[in] Elisabeth Klatzer

ist Ökonomin und arbeitet zurzeit schwerpunktmäßig an folgenden Themen: Europäische Wirtschafts- und Sozialpolitik, feministische Wirtschaftspolitik. Sie ist Aktivistin bei ATTAC und feministATTAC sowie Mitglied des BEIGEWUM.

Dr. [in] Walpurga Köhler-Töglhofer

arbeitet als Ökonomin in der Österreichischen Nationalbank und als Lektorin an der Wirtschaftsuniversität Wien. Arbeitsgebiete: Europäische Union, Steuertheorie und -politik.

lic. rer. pol. Mascha Madörin

ist Ökonomin und arbeitet als Beraterin der Aktion Finanzplatz Schweiz (einer NGO) sowie als Publizistin, Lehrende und Konsulentin zu Wirtschaftspolitik aus Frauensicht und zur feministischen Ökonomiekritik. Sie ist gegenwärtig in mehreren Projekten zu geschlechtsspezifischer Budgetanalyse als Expertin tätig.

MMag.[a] Dr. [in] Gabriele Michalitsch

ist Politikwissenschafterin und Ökonomin und arbeitet als Forschungsassistentin und Lehrbeauftragte am Institut für Volkswirtschaftstheorie und -politik der WU Wien. Forschungsschwerpunkte: Geschlechterkonstruktionen in politischen und ökonomischen Theorien, Neoliberalismus, Feministische Ökonomie, Genese der modernen Ökonomie, Verhältnis von Staat und Ökonomie.

Mag.[a] Christa Schlager

ist Ökonomin und arbeitet in der Abteilung Wirtschaftswissenschaft & Statistik der Arbeiterkammer Wien. Arbeitsschwerpunkte: Fiskalpolitik, Verteilungspolitik, Einkommensentwicklung und EU-Budget. Sie ist Vorstandsmitglied des BEIGEWUM.

Prof.[in] Dr.[in] Susanne Schunter-Kleemann

ist Professorin an der Hochschule Bremen für den Fachbereich Wirtschaft für die Fächer Sozialpolitik und Arbeitswissenschaften. Sie ist Mitbegründerin der Wissenschaftlichen Einheit Frauenstudien und Frauenforschung an der Hochschule Bremen. Gastprofessuren an der Universität Zürich und der Wirtschaftsuniversität Wien.

Prof.[in] Dr.[in] Brigitte Young

ist Professorin für Politikwissenschaft der Westfälischen Wilhelms-Universität Münster; Forschungsschwerpunkte: Internationale/Vergleichende politische Ökonomie und Staatstheorie, feministische politische Ökonomie und Staatstheorie.

Mag.[a] Sabine Wagner

ist Juristin und arbeitet als Referentin im Grünen Parlamentsklub (Bereiche: Frauenpolitik, Verfassungsrecht). Sie ist Vorstandsmitglied Grüne Frauen Wien und Mitglied im "Verein österreichische Juristinnen".

a.o. Univ.Prof.in Dr.in Luise Gubitzer

ist außerordentliche Professorin für Volkswirtschaftstheorie und -politik an der Wirtschaftsuniversität Wien. Sie beschäftigt sich mit Alternativer Politischer Ökonomie unter Berücksichtigung frauenspezifischer Fragestellungen.

Dr.in Birgit Trukeschitz

ist Ökonomin und arbeitet als Universitätsassistentin und wissenschaftliche Projektmitarbeiterin an der Abteilung für Sozialpolitik des Instituts für Volkswirtschaftstheorie und -politik der Wirtschaftsuniversität Wien; Forschungsschwerpunkte: Soziale Dienstleistungen, Beschäftigung in sozialen Diensten, Nonprofit-Sektor-Forschung und Sozialpolitik in Österreich.

Frauen, Forschung und Wirtschaft

Herausgegeben von Regine Bendl, Karin Heitzmann
und Angelika Schmidt

Band 1-6 sind von 1991-1996 im Service Fachverlag, Wien erschienen.

Band 7 Ursula Marianne Ernst / Luise Gubitzer / Angelika Schmidt (Hg.): Ökonomie M(m)acht Angst. Zum Verhältnis von Ökonomie und Religion. 1997.

Band 8 Renate Buber / Ursula Marianne Ernst (Hrsg.): Frauenwege. An einer Wirtschaftsuniversität zwischen Politik und Wissenschaft. 1999.

Band 9 Johanna Hofbauer / Ursula Doleschal / Ludmila Damjanova (Hrsg.): Sosein – und anders. Geschlecht, Sprache und Identität. 1999.

Band 10 Erna Nairz-Wirth / Gabriele Michalitsch (Hrsg.): FrauenArbeitsLos. 2000.

Band 11 Karin Heitzmann / Angelika Schmidt (Hrsg.): Frauenarmut. Hintergründe, Facetten, Perspektiven. 2001. 2., durchgesehene Auflage 2002.

Band 12 Gabriele Michalitsch / Erna Nairz-Wirth (Hrsg.): Frauen – Außer Konkurrenz? 2002.

Band 13 Margit Appel / Luise Gubitzer / Birgit Sauer (Hrsg.): Zivilgesellschaft – ein Konzept für Frauen? 2003.

Band 14 Karin Heitzmann / Angelika Schmidt (Hrsg.): Wege aus der Frauenarmut. 2004.

Band 15 Luise Gubitzer / Birgit Trukeschitz (Hrsg.): Frauen und Budget. 2004.

www.peterlang.de

FSC
www.fsc.org
MIX
Papier | Fördert
gute Waldnutzung
FSC® C083411

Kolibri 360 GmbH
Ferdinand-Jühlke-Straße 7
99095 Erfurt, Deutschland
produktsicherheit@kolibri360.de

Druck:
CPI Druckdienstleistungen GmbH
im Auftrag der
Kolibri 360 GmbH
Ferdinand-Jühlke-Str. 7
99095 Erfurt